U0507729

KUWEI

酷威文化

图书 影视

极简社交

王励新 著

陕西新华出版传媒集团

太白文艺出版社

目录 CONTENTS

第一章
什么是社交

....

社交并非大家普遍认为的那么具有功利性，它不过是人们日常生活的一部分，从交换信息到分享利益，每时每刻，它都存在于每个人的生活之中。

第一节
社交就是人际交往的集合

> 在人类的天性中，最深层的本性就是渴望得到别人的重视。
>
> ——威利·詹姆斯

提到人际交往或者社交，人们的第一反应大都是觥筹交错的酒局或手中一堆自己也对不上号的名片。但其实，社交并不是人们想象中的拉关系的行为。仔细回想一下，你有没有做过以下事情：

在社交软件上为朋友点赞；

和同事约好一起吃饭、回家；

因为个人喜好对微博进行转发或评论；

打电话问候父母、亲戚；

和老同学聚会；

与客户见面交换名片；

参加公司内部或公司外的会议和活动；

介绍不熟悉的朋友互相认识……

上述所有行为，其实都是社交的一部分，而在社交中与你互动的所有人组成了你的个人人际关系网。我们很容易就可以把这些人划分至不同的圈子，比方说亲属圈、职场圈、同学圈等。甚至于，亲属圈可以按照亲密程度划分为内层和外层，职场圈可以按照时间分为前职场和现职场。这种细分，可以让我们对自己的社交圈有更清晰的认识。对于前职场和现职场的人际关系网，你能够分享的信息是不同的，尤其是在业务重合甚至相冲突的情况下，我们在消息传递上就需要更加谨慎。

简而言之，社交就是人际交往的集合，它建立在血缘、生活环境、地域、喜好、事业等多个方面。我们和其他人之间的互动，让我们在不经意间建立并维系着自己的人际网络，并根据对象的不同，改变相应的相处模式。人际关系主要有三种模式，即传统模式、战略性模式、交集点模式。本书第四章将会详细介绍这三种模式，并逐一进行分析。

1. 动力是一切的基础

　　既然我们已经明白了社交的范围，那么，在学习架构自己的人际关系网的理论和方法之前，先想想自己想要拓展人际关系的理由是什么，这关乎你人际关系网建立的成功与否。

　　我们都知道，任何改变都不是轻易完成的，尤其在学习新技能方面，迈向成功的第一个门槛就是动力，或者说是动机。人们很容易因为一时兴起而做出某种决定，但他们并未拥有真正的动力，那么自然也不会付出相应的努力。建立人际关系也是如此，只有在动力充足、动机明确的情况下，改变才有可能实现，并且完成后续所有的事情。

　　我曾经有一位朋友，姑且称她为李小姐，在本职行业工作了五年，业绩在公司属于中上水平，但一直没有晋升的机会。她的能力很强，但一直都有心理焦虑的问题，经常酗酒，还有严重的烟瘾。很难说是焦虑引起了后者，还是后者加剧了焦虑。在一次公司活动中，她喝了点儿酒，在微醉的状态下和同事开了个十分下流的玩笑，非常令人尴尬的是，当时她的身边不只有自己公司的人，她的客户也在其中。笑话说完以后，她的身边立时安静下来，每个人都有些不知所措，她也立刻就后悔了。一整个晚上，她都在懊悔中度过。这种情况已经不是第一次了。事实上，不经考虑便脱口而出已经成了她的个人特征。几乎每个认识她的人很快都会发现这个问题，并因此给她贴上不会说话的标签。在经历了一整晚被孤立的情况之后，郁闷的李小姐回到家中，为了排解不快和内疚，让自己彻底忘记这一切，她忍不住又喝了点儿酒，随后便昏昏沉沉地睡了过去，直到第二天她的妹妹和邻居一起撬开她家大门。

或许你可以轻易地从上面的故事中总结出，李小姐是个焦虑症患者，也是个酒鬼。李小姐却是直到这次事件发生后，才意识到这个事实。在她眼中，自己只是压力过大才喝点儿酒缓解一下。她并没有意识到，自己对酒的依赖，以及因为酒醉失控造成的所有问题，导致或者说加剧了她的焦虑症。

在几年前，李小姐曾经因为宿醉不醒而感到害怕，因此约见了一位心理咨询师，还在对方的帮助下调整心态，控制自己的行为。两个月中，她确实没有喝过一点儿酒，这让她认为自己没有酗酒的问题了，之前不过是压力太大导致的一时失控，不然自己怎么可能这么快就戒掉？因此，她买了酒回家，决定验证自己的判断。当天，她独自喝光了酒，感觉很棒，于是再次回到了曾经的状态。直到第二天被妹妹和邻居叫醒，看着镜中的自己，她不得不承认，她是个酒鬼，必须要真正地戒除酒瘾。

随后，李小姐重新开始接受治疗，定期接受医生回访，并且加入了一个健身俱乐部，用更健康的方式缓解压力。曾经总是眼神迷离的她如今目光坚定，谈吐自信，已经升职成了总监，撑起了公司的对外业务。

那么，让李小姐改变的根本原因是什么呢？在经历过反反复复的酗酒问题之后，是什么叫醒了这个"装睡"的人呢？

2. 更清晰的自我期待

李小姐之前的每一次戒酒都是有动机的，比方说她意识到自己的状态不够好，或者她又搞砸了一次会面。但这样的状态都没能持续很久，每一次改变都变成了虎头蛇尾的失败经历。我们不能说她缺乏动机，但动机的力量也有大有小，就像日常生活中喜欢在地铁里背英文单词的人，真正能做到每天专心背单词并且打卡的少之又少，很多甚至是为了打卡而打卡，压根就没有把心思放在背单词上面，效果自然不佳。对李小姐来说，之前的每次戒酒都仿佛是一次打卡，然而，内在动力的缺乏让她很快把打卡当作负累，最终随意地放弃了。直到这一次，她被邻居和妹妹叫醒，置身于乱糟糟的环境之中，前一晚不堪的经历带来的悔恨和现实状态带来的失控感如此真实，她终于明白，不论如何辩解，如何为自己找借口，她都已经变成了自己最不想成为的人。不论是对于家人，还是对于同事来说，她都已经是一个酒鬼了。对于她自己来说，现实中的她终于拨开眼前的迷雾，直面真实的自己，曾经幻想中的美好的个人形象骤然崩塌，那个成功的优雅的职业女性早已不复存在。时隔多年，她重新睁开双眼，不得不去接受事实，也不得不做出改变，因为她的生活已经够糟了，已经处在人生低谷中了。

对大多数人来说，做出改变的根本原因是他们已经到达了容忍的极限，必须做出改变，或者说，他们自己的糟糕程度完全突破了他们的想象。李小姐之前的每一次尝试，虽然都有对自己现状的不满，但这种不满还没有到达临界值，也就是说，她还没有认为自己已经处在人生的低谷了，这和我们常说的"触底反弹"有相通之处。对于每个人来说，想要产生足够强的动机就要更早地接触到自己的极限，而想要知道自己的极限，那就需要有更清晰的自我期待。作为普通人，我们或许没有冲突如此明显或者后果如此严重的问题，但是，让你的自我期待更清晰化，是帮助我们获得更大动力的一个很好的方式。

自我期待能够帮助我们确认自己的目标，寻找到自己的方向和道路，让我们对自己的未来有一个清晰的规划。在规划之中，每个人能够校准自己的行为，并因此产生希望、信念等积极力量，让人们更容易地看到现实中的自己和理想、规划中的自己的差距。所以，突破自我的根本方法是，建立对自我的清晰认识，设立符合内心真实所想的自我期待。当期待与现实不符，改变的契机就来了。期待越清晰，理想与现实的差距越大，渴望改变的动力也就越大。

举个例子，当你认为自己是一个专业的职场人士的时候，"专业"这个词是没有确切范围的，你可以把热情开朗当作专业的一部分，也可以把内敛稳重当作专业的一部分，但这两个方向是不一致的。你不能今天看到开朗的人交朋友的速度很快，就立刻去交朋友；也不可能见到稳重的人被表扬就立刻改头换面，否定自己之前的所有行为。当你的定位飘忽不定的时候，你对自己的方向和未来也是迷茫的，你将很难在自己的事业上取得进步。

小王可以说是上述问题的活例子。他的性格比较内向，虽称不上孤僻，但他确实不是会主动拉关系的人。刚入职的时候，他的问题并不明显，顶多算是慢热。但随着同期入职的小张的迅速转正，小王开始着急了。他觉得小张的转正是因为小张特别开朗，和谁都能说上话，在短时间内得到了同事和部门领导的认可。小王参考小张的模式，开始努力和别人搭话。但因为本身的性格问题，他总是说着说着就不小心冷了场，反而让别人尴尬，他自己也一直痛苦于不知道该说什么。虽然最后他也转正了，但是这种努力维持的假开朗并不能帮他维持住客户关系。直到一次，他身边一位比较沉默的同事谈成了一笔金额不小的订单，而客户给出的合作理由竟然是同事的沉默稳重时，小王又迷茫了，想要再一次转变形象。

对小王来说，他并不明白自己想要的是什么，他羡慕每一个游刃有余地"混"职场的人，却不知道自己是什么样的人。他渴望被肯定，渴望成为别人羡慕的对象，但他拥有的不过是一个宽泛的影子，毫无实质性的内容。在迫切想要成为更好的人的时候，他忘了静下来，好好想一想自己，想一想对未来的期待。

请记住，认识自己，让自己建立起更清晰、更符合事实认知的期待，是我们掌握并运用人际关系的基础。你可以根据本书第三章中的测试结果，对自己产生更清晰的认知，并选择适合你的建立人际关系的方式。

小测试：如何发现隐藏的自己？

下面是美国心理学家约瑟夫·卢夫特(Joseph Luft)和哈里·英汉姆(Harry Ingham) 提出的"约哈里窗口"理论，可以帮助解析自我和外界沟通关系上的问题。你可以通过更广泛、更深入的交流，让开放区扩大，缩小盲目区和隐秘区，并且开发未知区，逐步加深对自我的认识。

开放区：所有你和他人都知道的信息，包括你的年龄、学历、性别等。

盲目区：他人知道的关于你的信息，但你自己不知道，如对方对你的评价、看法等。

隐秘区：你自己知道，但他人不知道的信息，如你的隐私、小秘密等。

未知区：你自己不知道、他人也不知道的信息，如你的潜能和未发掘的才华。

按照上述提示填写下面的表格：

日期：	
开放区：	盲目区：
隐秘区：	未知区：

日期：	
开放区：	盲目区：
隐秘区：	未知区：

第二节
六度分离理论

很多人可能都听过一个说法："6 个人就能让你认识全世界。"这是 1967 年美国社会心理学家米尔格伦提出的，意思是"你和任何一个陌生人之间所间隔的人不会超过 5 个"。也就是说，根据这个理论，你想认识世界上任何一个人，不管对方离你有多远，生活在哪里，只要通过 5 个人，你们就能够建立联系。对很多人来说，这似乎是一件不可思议的事情。试想一下，通过 5 个人，你就能够跨越一切界限，甚至和知名人物拉上关系，怎么可能呢？然而，这个理论早已得到了验证。最好的例子就是 1993 年的凯文·贝肯[①]实验，当时还在读大学的 3 名大学生发明了一款游戏，规则

[①] 凯文·贝肯（Kevin Bacon）：1958 年 7 月 8 日出生，美国演员，代表作有《刺杀肯尼迪》《义海雄风》。

很简单，它能将任意一位明星与演员凯文·贝肯搭上关系，中间需要的电影不超过 6 部。

这算得上是六度分离理论在游戏上的小小应用，而更可信的数据来自理论的提出者米尔格伦，他成功地通过一个连锁信件实验证明了这个理论的可行性。在实验中，他准备了160 封信，将信件随机寄给居住在美国各大城市的居民。在信中，他提供了一个波士顿股票经纪人的名字，并要求每个收信的人将这封信转寄给自己认为可能认识这个人的人，随后收到这封信的人依旧完成上述要求，直到这位股票经纪人收到这封信。最后的结果证明，大部分的信件都成功到达了目的地，中间平均经过 6 次转寄。

有人可能会觉得惊讶，或者对此感到难以置信。网络上曾经流行过一句话："人生就是一个圆。"很多人都相信，我们的人生是有范围限制的，你每天都走在固定的线路中，看着熟悉的街道，知道每一间路过的店铺，朋友来来回回就那么几个人，娱乐地点最远也不过是大型商场或是离家近的电影院，然而，这一切只是因为你忽略了外界的变化。我们处于舒适且比较熟悉的环境时，总会不自觉地降低自己的敏感度，也会自然而然地忘记观察生活。你会在潜移默化中忽略身边所有微小的变化，直到这些变化大到无法忽略的那一天。在现实生活中，改变每分每秒都在进行，你和你身边的一切都处于正在进行时的状态之中，只是你忽略了而已。我们做个假设，你现在回想一下，你每天在上班的路上都在做什么呢？听歌，玩手机，还是观察四周？

我的一个朋友，每天搭乘地铁上班，他非常喜欢玩手机，换乘空隙的那一点儿时间也不放过。一次，地铁通知周日晚 8 点停止运营，连续广播了很多天，他愣是没有注意，结果当晚只好自己打车回家。回想起这件事，连他自己都觉得不可思议，他认为自己没有完全沉迷于手机，走路也没有撞过人，却仿佛隔离了外界的一切信息。在这个信息爆炸的时代，我们太容易得到各种各样的信息，不论是主动还是被动，因此很多人养成了屏蔽信息的习惯，也逐渐让屏蔽蔓延到自己的生活，坚信自己的生活范围小，交际圈小，没什么朋友。但真相是，你只是把自己隔离成了一座"孤岛"，你的生活是有一定范围的，但这范围远比你想象的大得多。在拒绝与外界接触的过程中，你自己将圈子一点点缩小了，刻意忽略了可以帮助你扩大圈子的关键点。六度分离理论就论证了这一点，你之所以认为自己不可能扩大社交圈，或许是因为串联起你和别人的那 6 个人，被你自己忽略掉了。

　　小武是一名普通的上班族，上学的时候微微有些口吃的他，一直不喜欢和外界交流。他的小学同学、中学同学甚至大学同学，几乎没有人和他深入交流过。工作之后，和同龄人相比，他依旧是沉默寡言的那一个，和身边的同事、领导关系都很一般。领导对小武根本就谈不上熟悉，反正从表面来看，小武对公司发展和行业前景也没发表过什么令人眼前一亮的言论，在这样的情况下，小武一直没能获得职位上的提升。在和小武交流的时候我还发现，小武在生活中和在工作中的状态是一样的，都是长期处于屏蔽外界的状态。对小武而言，想要突破职业困境，重点是突破自己在交流、在与人相处上的问题。后来，小武终于认识到，工作不单单是完成任务，还需要交流和沟通。他的沉默和不爱与人相处，让身边的人对他敬而远之。在思考后小武决心改变自己，他用半年的时间努力提升自己的沟通能力，之后我们又一次见了面。这一次，小武给人的感觉发生了很大变化，虽然他依旧不是那种主动说话、呼朋引伴的人，但现在的他看起来很从容，不会给人格格不入的感觉。他和我分享了他改变之后的生活，虽然没有变成一个爱说话的人，但他在部门内部发言和提出意见、方案的次数变多了，他日常没有废话，但总是能说到关键点上，以至于他的很多提案都得到了重视，其中很多提案都真正被实施了，这也让他在一次次实践中学到了更多的知识。此时，他已经成了领导重点培养的对象，进入了升职的备选名单。更重要的是，他现在深受领导和同事的肯定，人际网络扩大了不止一倍，和每个人的关系也都融洽了很多。现在的他很自信，因为他终于在自己从事的行业内有了一定的积累，人际关系得到了改善，处事能力也提高了很多。平心而论，小武的个人能力是毋庸置疑的，他对自己的工作有着深刻的认识和思考，但此前因为拒绝交流，以至于没有人知道他的能力，也没有人发现他的潜力。而当他真正表现出自己的可塑性的时候，机会便接踵而至，帮助他慢慢走向成功。

小武的例子告诉我们，真正造成我们人际关系狭窄的人，不是别人，正是我们自己。你把自己当作孤岛，那么所谓的六度分离理论中的关系拓展自然不可能实现，已经存在的人际关系都被你忽略或者漠视了，拓展人际交往又从何谈起呢？

卡耐基是著名的社交大师，一次，他去参加一个写作课程，其中一堂课由一位知名的杂志主编担任老师。在课上，这位知名的主编和所有人分享了自己对于小说质量的判断方法。在主编看来，一部好小说的作者，一定是喜欢别人的人，一个不喜欢别人的作者，读者也不会喜欢他的小说。主编每天收到的小说有数十篇，而他的工作就是选出那些喜欢别人的作者的作品。延伸一点说，就是这个作者必须对别人感兴趣。卡耐基后来在魔术大师哲斯顿的表演中印证了这个观点。那个晚上哲斯顿在百老汇进行最后一场表演，卡耐基则耐心地在他的化妆室等待，希望得知他的成功法则。表演结束后哲斯顿慷慨地分享了他的秘诀，总共有两点：第一点是他本身的表演功力非常强，他对自己表演的每一个环节都精心地准备和彩排过；第二点是他对所有观众都抱有很大的兴趣，对他而言，坐在台下的不仅仅是一群观看表演的人，还是他感兴趣的一群人，他希望自己能够给他们呈现最好的表演。正因为哲斯顿有这种想法，他对外界的兴趣，特别是对和自己相关的人的兴趣，帮助他走向了成功。所以，想要运用六度分离理论，必须正视自己所处的环境，找回自己对个人生活的敏感，认真对待自己的人际关系。

　　事实上，在日常生活中，我们早已在六度分离理论支撑的空间中，建立了属于个人的社交网络。想一想早年风靡一时的人人网，它用最快捷的方式串联起每个人，用同学关系将不同的人联系起来。即便相隔多年，你依旧可以轻易地通过网站搜索到自己的中学同学或者是小学同学，甚至可以直接联系到对方本人，而不需要通过其他任何人的帮助。

再举个身边的例子，小刘是我的前助理，一个 90 后女孩，她上大学的时候和朋友打赌，决定一个月内找到自己上中学时暗恋的那个男生。她从两方面下手，一边联系自己的中学同学，一边通过社交网络搜索对方的信息。就在她给同学发出消息的一周后，她的个人社交账户下面，出现了一条留言，正是她在寻找的那个男同学！

除此之外，通过人人网重新集合同学，举办同学会的例子也不在少数。网站以同学关系作为基础，向外扩散，并且随着加入人员的增多，彼此之间的关系也不再是单纯的同学关系。有些人因为爱好走到一起，有些人因为目标相同产生共鸣，这让网站关系愈加复杂化，同时，人际网络也因此铺展得愈加广泛。就像上述例子中的故事一样，你和别人的距离，远比你想的要近！

在现代社会中，媒体和个人应用疾速发展，每个人之间的距离被无限地缩短，六度空间的概念也随之发生了变化。传统的社交方式中，我们会以面对面沟通为主，但现如今，类似人人网的社交媒体层出不穷。总而言之，六度分离理论在现代社交手段的帮助下，已经将人与人之间的距离压缩得更短。不过你仍可以相信，你和你的目标人群之间的距离，不会超过 6 个人。

第三节
关系的层层递进

我们打个比方，如果说每个和你有社会关系的人都是一个点，那么，在你的社交领域，你是所有关系线交汇的中心。你不仅担负着自己与别人的关系线，还是他人相互联络的关节。不知道你有没有玩过跳棋，这种古老的益智游戏和我们建立人际网络的方式有一定的相似性。按照跳棋的规则，棋子可以在有直线连接的相邻的六个方向进行移动，只要相邻位置上有一个棋子，且该位置直线方向的下一个位置没有棋子，则不论该棋子是自己的还是他人的，都可以依靠这颗棋子直接移动到空位上，而且，在移动的过程中，只要满足相同的条件，棋子就可以连续进行位移。建立人际网络的过程也是这样，我们现有的朋友、同事就是和我们有直线连接的棋子，凭借他们的帮助，我们可以进行远距离跨越。也就是说，你可以直接来到你的朋友的朋友身边，找到自己的目标，获得想要的信息。由此可见，我们的关系网络是可以一层一层向外递进的，如同落入水面的一滴水，每一圈波纹逐渐向外扩张，而你，就在水滴落下的位置。

读到这里，或许你会认为，既然具有直线联系的朋友可以带来强烈的连锁反应，那么自己不妨多建立一些这样的关系。但你要明白，我们每个人的精力是有限的，不可能无限扩展我们的交际范围。你的精力好比是一桶水，而你的每条人际关系线都是一棵树，你种的树越多，每棵树能够分到的水就越少，那么这些树自然都长不大。

阿祥是一位交友广泛的宣传部新人。营销专业毕业的他，对人际关系有着很深的认识，并且非常注重发展人际关系。不论在公司内部还是外部，外向的他都非常喜欢结交朋友，并且会主动索要对方的联系方式。他为自己设立了一个目标，微信要加满 500 个行业内部的人。在他看来，实现这个目标之后，自己哪怕算不上行业内的顶尖人士，好歹也算小有名气。他的加微信行动最开始进展得还比较顺利，然而，随着他的微信好友越来越多，他发现自己的心态有点乱了。先不说很多成功加为微信好友的行业内的资深人士很难联系交流，就连其他普通人的日常生活更新消息他都看不过来。而且，随着人员的增多，那些没来得及修改备注信息的人根本记不清是谁。面对日益增加的通讯名单，阿祥产生了深深的挫败感，在每天更新的几十条甚至几百条消息中，他找不出自己需要的那一条，也分不清那些在通讯录中从未说过话的人到底是谁。特别是那些时隔几个月甚至几年没有联系过的人，又该如何自然地再次联系，也是一个难题。

阿祥注重发展人际关系本没有错，但他错在希望自己去和所有人建立关系。他扩大自己的人际关系网，只注重了数量，而忽略了质量，在这样的情况下，他的人际关系网不仅没能真的扩大，还因自身精力的分散，使原本坚固的人际关系变得脆弱。所以，建立过多直线联系式的人际关系对我们毫无用处，真正重要的是，建立我们所需要的人际关系，架构人际关系的关键点，也就是找到关键人物，让人际关系有效地通过关键人物拓展出去。

我们还要注意一点，你的直线朋友背后隐藏的人际网络，并不一定能够让你随时获得帮助，要真正成为联通四面八方建立人际网络的社交达人，比你想象的要难得多。

举个例子，小肖是一家分公司里出名的"万事通"，公司同事几乎没有和他没说过话的，就连总公司的人都知道这位"社交达人"，他也一直认为自己很会交朋友。小肖的兴趣广泛，时刻关注国内外新闻，从社会新闻到娱乐消息，几乎没有他不知道的。因此，小肖极易和他人建立话题，总是能够找到别人的兴趣点，似乎是大家公认的好人缘。小肖也一直为此得意扬扬，为自己的社交能力骄傲，直到公司委派他执行一项任务。那是在一次部门会议上，他被领导指派为项目沟通的负责人，专门负责处理分公司和总公司之间的沟通问题。他原以为自己在分公司和总公司都认识不少人，不仅认识，和很多人还称得上是熟人，虽然跨越了几个部门，不可能认识所有的人，但朋友的朋友也算是自己的朋友，既然大家都是朋友，有什么问题自然可以好好商量。结果，沟通了不到半个月，他就焦头烂额想要退出了，因为双方都对他不满意，觉得他明明答应了己方的要求，保证说另一方会接受，最后却都没能实现。对小肖来说，他认为总公司的人自己认识，有些事情应该会方便行事，又觉得和分公司的同事这么熟悉，自己都理解这个要求，他们应该也会同意。殊不知，他这样大包大揽，让双方都十分不满。

　　小肖失败的原因很多，他搞错了自己的责任是什么，也没弄清楚"有朋友好办事"这句话的真正含义。因此，与其建立非常多可以直线联系的朋友，不如耐心一些，建立真正能够产生传递效应的朋友关系，建立能够发挥作用、可以互助的人际网络。同时，我们也要明白，关系是可以反向传递的，就像小肖的经历一样，建立能够向外延伸的人际关系的关键点，是我们必须要掌握的技能。同时，我们每一个人作为别人关系网上的一环，如何正确地帮助他人也是必须要好好学习的。

小爱是一家公司的人事助理，人缘不错，性格也温和。公司新招了一个前台，总之是个性格比较开朗的女孩。两人脾气很合得来，很快就成了闺密，一起下班、逛街，如果联系不到其中一个人，找另一个就能联系上了。起初，公司的员工都很认可前台女孩，认为她性格开朗，和大家相处大方直爽，有什么问题都会很快地反馈或者通知大家，是一个很不错的女孩子。然而，这个印象没几天就被打破了。她入职不到三个月，真正上班的时间最多也就一个半月，最后因为屡次请假被劝退，小爱为此很难过。然而，前台女孩离职还不到一周，公司内部就接连有几个人说，前台女孩借钱不还，还联系不上。公司里为此闹得沸沸扬扬，连领导也介入了这件事。有人找到小爱，希望小爱能帮忙联系。直到这时，小爱才意识到，自己的朋友有点儿问题，因为她自己也借了几次钱给对方，对方前几次还了，后面的却一直没还。在前台女孩离职两个月之后，甚至还有陌生电话打给小爱，问她认不认识前台女孩。

前台女孩并不是一个诚实的人，而小爱一直没有意识到，也忽略了种种可疑的迹象。在知道自己受骗之后，她回忆起自己和对方相处的过程才意识到，前台女孩总是会在微信上告诉她不要急，说自己在弄小生意，资金周转不灵，但她其实从未见过对方的生意。小爱还记起，对方在逛街时总是大手大脚地花钱，但对方的工资并不高，家里的经济条件也一般。对小爱而言，这样的关系带给她的几乎只有麻烦，小爱连对方确切的家庭住址都不知道，却成了大家眼中对方最好的闺密，成了能够为对方过错负责的人。小爱因此给人留下了轻率、识人不清的印象，这对她日后的发展也产生了一定的不良影响。

因此，建立稳定的人际关系，需要我们注意建立关系的对象质量。每个人际关系网上的人都是我们某一条社交线上的关键人物，好的关键人物自然会把我们引向成功，但不好的关键人物不仅会消耗我们的精力，还会对我们产生不利的影响。因此，在社交中，作为自己人际网络的中心，作为他人人际网络中的一环，我们一定要对交往对象进行优化和选择。

小测试：什么样的朋友值得结交？

下面是几个结交朋友时可以参考的问题，在决定和一个人建立稳定的人际关系之前，不妨多思考、多观察一下。

1. 对待亲人的态度，如是否拥有感恩之心。

2. 对待生活和工作的态度，如是否喜欢抱怨，不爱行动等。

3. 对待他人的态度，如是否背后诋毁他人等。

4. 对待自己的态度，如是否能够坚持自己的原则等。

5. 对待金钱的态度，如是否利益至上等。

6. 对待未来的态度，如是否有上进心，愿意提升自己等。

第四节
社交圈决定你能走多远

　　几乎每个人都曾幻想过，自己可以成为在社交场上呼朋引伴的那个人。不论是"一个电话就能解决问题"，还是"我认识的 ××× 或许知道什么"的句式，无一不彰显人际网络的作用。人际网络确实非常重要，但很多人却对它有着很深的误解。

　　一提到人际网络或是人际、社交圈等词，大多数人的第一反应都是"拉关系的""推销的"等具有贬义的描述。在人们的普遍认识中，"社交"这个词不单单是交朋友，更多的是和半强制性的、反复骚扰的、总是麻烦别人的行为联系在一起。不论当事人是出于自愿还是被要求，这种目的性极强的人际网络的建立过程总是伴随着人们对目的性的质疑。

　　这和中国人的传统观念有着很深的联系。"素交"一词出自中国现存的最早一部诗文总集《文选》，用来形容真诚纯洁的友情。"素交"两个字完美地表达出人们对于友情的看法——交友需纯洁而质朴。除此之外，我们还有"君子之交淡如水""与朋友交，久而敬之"等说法。在我们的传统文化中，"朋友"一词都是以非功利性为主的。也因此，在建立人际关系的过程中，我们需要考虑这一点。

在现实生活中，抱有某种目的去主动或被动建立的关系，大多很难长久。这不仅仅因为这种关系一开始就展现出极强的目的性，还因为当事人在技巧和心理上的准备不足。同时我们在未来重拾这段关系时，需要面对更多的困难。

读者读到这里或许会有些疑惑，我们建立人际网络不就是有目的性的吗？这个说法对，但也不全对。我们先从为什么需要建立人际网络的问题出发，看看人际网络会给我们带来什么。

首先，建立正常的人际网络是我们自身的基本需求。1943 年，美国心理学家亚伯拉罕·马斯洛提出了人本主义科学的理论之一——需求层次理论。他将人类需求划分为五个阶梯，从下到上依次是生理需求、安全需求、社交需求、尊重需求和自我实现需求。他认为，人类的这五种需求是必须的。虽然在理论上，这五种需求像阶梯一样依次递进，但次序并不是完全不变的，也就是说，存在着许多例外情况。

其中，位于第三层次的社交需求，又称为情感和归属的需求，很多研究都表明，社交需求在一定程度上影响着我们其他需求的满足。

具体来讲，情感和归属的需求是指一个内心安全感相对满足的人，在物质需求满足的情况下，如拥有自己的住所和固定的收入，会产生建立关系的需要，会渴望拥有爱人、孩子、朋友并希望和他们建立亲密关系，同时，他会希望被外界接受，并得到外界的认可。如果这些愿望没能满足，那么他的内心就会感到痛苦。

而在心理学家罗伊·鲍迈斯特和马克·利亚里的研究中，我们则会对情感和归属的需求有新的认识。他们发现，人们为了满足对感情和归属的需求，甚至愿意牺牲第一层次的生理需求，比如忽略吃饭、喝水的需求。医学家杰尼斯·格雷西的研究则发现，不能满足情感和归属的需求的人会感到孤独，而长期的孤独感将对人们的健康有着非常不好的影响，人们会更容易患上心脏病等其他重大疾病，免疫功能也会因此受损。

综上所述，良好的人际关系是我们内在的基本需求之一，它甚至能够让人类本能的生理需求让步，它不仅和我们的心理健康有关系，还影响着我们的身体健康。因此，建立良好的人际关系，不仅能够满足我们自身的需求，也是我们生理和心理健康的保障。

其次，建立人际网络对我们的事业有一定的好处。首先，你可以提升自己的价值，扩大自身的影响力，建立更广泛的人际网络；其次，你能随时获悉行业内部的信息，以便及时把握市场变化；第三，你能够解决更多的问题，负担起更多的责任，成为独当一面的职业人士。更简单地说，你将更容易获得升职加薪的机会。

小赵是某公司宣传部门的职员，公司决定举办一个新品发布会，由宣传部门具体负责。领导安排小赵约请名气很大的某作家作为嘉宾，并且在一个月内确定对方是否可以出席活动。小赵此前从未和这位作家联系过，他不得不尝试了网络上提供的所有联系方式，但都一直没有回应。小赵为此烦恼不已，眼看最后期限就要到了，小赵的一位朋友，也是他此前一个活动的合作伙伴得知了这个消息，帮了小赵一个大忙。原来这位朋友的女朋友在出版社工作，朋友的女友向熟识这位作家的编辑寻求帮助，最后成功要到了该作家经纪人的电话。小赵通过作家的经纪人，成功邀请了这位作家出席活动，圆满地完成了任务。

作为宣传部门的一员，小赵总是需要面对各种各样的复杂事情。在他无法顺利和目标人物取得联系的情况下，他曾经的合作伙伴——现在的朋友挺身而出，帮助他解决了问题。这个例子告诉我们，在一般方式无法帮助我们的时候，我们可以通过人际网络寻求帮助，快速地找到目标，解决问题。除此之外，人际网络还有另一个好处，就是帮助我们得到更多、更好的机会。

我的一位前同事小李，因为公司办公地点搬迁，决定离职另谋出路。在向公司提出离职申请获得批准之后，小李准备在求职网站上登记自己的信息。然而，还没等他上传个人的求职意向，就有两家公司向他发出了邀请，而这距他决定离职不过一周的时间。两家公司都很有诚意，发出的邀请也符合小李的求职意向。这两家公司之所以会这么快找到他，是因为一位合作方的推荐。那位合作方是小李的朋友，他在听说小李要离职的消息之后，把小李推荐给了自己熟识的朋友，而且，小李的朋友因为此前就和小李合作过，在言谈中说明了自己推荐的理由，直接为小李的业务能力做了证明。小李很感激这位朋友的帮助，很快就选择了一家符合他的期望又待遇优厚的公司，办理了入职手续。

可以说，此时的小李已经完成了对他个人品牌的打造，他自身的能力就是他的名片。和他共事过或者合作过的每一个人也都默默地成为他人际网络中的一部分，在朋友们的帮助下，小李已经为自己打响了名头，在行业内取得了一定的认可度。所有这一切，就是小李最好的个人介绍。小李的人际关系算是非常成功的，他通过自己的个人价值，建立了优质的人际网络，并且通过朋友对自身的价值信息进行了有效的传播。

人们常说："你的朋友圈子，决定了你的高度。"在很多人看来，一个人结交什么样的朋友，往往体现了这个人的性格、修养、行事方法和思考模式。因为我们是容易被影响的，尤其是被周围的人影响，这就是心理学上常说的"羊群效应"，或者也可以称为"从众效应"。也因此，很多人相信，在强大的影响力下，我们和什么样的人在一起，就会拥有什么样的人生。我们有"近朱者赤，近墨者黑"的谚语，也有"孟母三迁"的典故，由此可见，人们自古就看重朋友的影响。那么，在现代生活中，这一点依旧重要吗？或许我们可以从"股神"巴菲特和微软前总裁比尔·盖茨的结交经历中了解一二。

在 1991 年之前，巴菲特与盖茨还只是互相听说但从未见过的陌生人，彼此对对方的印象也很一般。巴菲特认为盖茨只是抓住了好机会而已，盖茨则认为巴菲特是个固执的人，两人对彼此都没什么兴趣。直到一个偶然的聚会，一切都发生了改变。那是1991年的一天，盖茨收到邀请参加华尔街的一个聚会，聚会的主讲人正是巴菲特。盖茨原本并无兴趣，但在母亲的劝说下，还是决定参加。在聚会上，两个人第一次碰面，在短暂的交流后，彼此竟都对对方有了新的看法，并且很快就找到了共同话题，相谈甚欢。这次交流，打开了两人友谊的大门，也为日后盖茨的改变打下了基础。

一天，盖茨在无意中看到一篇文章，正是巴菲特写的。巴菲特在文章中讲述了自己对于财富的看法，并且坚信不应该把所有财富留给子女。盖茨深受触动，专程前往巴菲特的办公大楼和他交流，自此之后两人关系越加亲密，最终成为至交好友。现如今的盖茨已是全球知名的慈善家，并且公开宣布将把数百亿美元的巨额财富捐献给社会。

盖茨和巴菲特的友谊是相互促进的，他们不仅了解彼此，也在帮助彼此变得更好。因此，我们可以说，和懒惰的人在一起，你很大程度上也不会愿意运动；和积极向上的人在一起，你也会跟着变得积极起来。好的社交圈也是一样，和优秀的人在一起，你会不自觉地被他们影响，原本觉得不敢或者不愿意尝试和挑战的那些难题，都将不再成为你害怕的根源，你会获得勇气，学习他人的长处，努力提升自己的能力，你会慢慢变得更好。比方说，曾经的你不知道如何和别人打招呼，若你有一个善于处理人际关系的朋友，那么你学习的对象就出现了，你可以第一时间学到这些方法，也会在对方的带领下，结识更多的朋友。所以，如果希望自己走向成功，让自己的生活和未来更好，建立一个可靠的交际圈是很有必要的，它决定了我们前进的距离。

要记住，人际网络对每个人的事业发展都有着深远的影响，或许，你下一个晋升的机会就隐藏在其中。

小测试：谁会帮你再进一步？

　　每个人都有朋友，既然朋友在很大程度上决定我们未来能够达到的高度，那么，你有想过能够帮助你前行的人到底是谁吗？他们又能帮助你获得什么样的进步呢？仔细思考，填写下列表格。

人物	可以帮助你进步的方面
例：王一	他的销售能力非常强，我可以从他那里学到更多的销售技巧，实现升职的目标。

第二章
恐惧人际交往的五大成因

我感觉每个人都在盯着我，我感觉自己仿佛没穿衣服，我感觉喉咙发紧、嘴唇干涩，我感觉自己快要窒息了，我的脑海一片空白，我也不知道自己在说什么……你有过类似的感觉吗？

第一节
讨厌尴尬的气氛

　　不知道你是否有过在陌生场合做自我介绍的经历，一个工作了超过十年的人力资源总监曾偷偷地告诉我，他最害怕的就是在公开场合面对一堆陌生人做自我介绍。下面是他的自述：

　　轮到我了，我不得不起身，努力控制自己僵硬的身体和紧绷的嘴角，露出一个勉强的微笑。我的身体开始发冷，仿佛一下子置身于冰窖之中。我做过准备，那段文字我背过许多遍了，默写出来都没问题，可是，现在，我的大脑仿佛一片空白。我磕磕绊绊地开始讲话，我也不知道自己在讲些什么，一个字都没记住，反正，我讲完了，大概都讲了。坐下来之后，我觉得自己刚刚失忆了，像是经历了一场梦游。

在人际交往中，很多人最害怕的就是上述的情况——当众发言。一旦四周安静下来，当事人就仿佛限于恐怖的泥沼之中，感觉自己尴尬得几乎要窒息了，而这个情况的根源确实和尴尬有着很大关系。对于经常感到尴尬的人来说，他们所处的世界、所看到的环境与非尴尬者截然不同。假设有人在一个房间举办一个活动，参与的人非常多。这时，一个非尴尬者和一个尴尬者一同走进了房间，非尴尬者会很自然地打量房间的布局、人员情况，遇到他人的目光也会坦然地与之对视。而尴尬者的感官却仿佛被屏蔽了一样，他们不敢自然地正视别人，也拒绝和他人的视线交流，他们只能粗略地扫视环境，忽略细节，把自己的关注点集中在一个地方，对所有引人注意的行为唯恐避之不及。他们无法像非尴尬者一样把握气氛和周围环境，常常不知所措，如同被放在了错误位置的装饰品。因此，尴尬者对尴尬的气氛十分敏感和抗拒。

非尴尬者，或者说善于社交的人，对于社交场合有着异于他人的敏锐和感知力，他们会很容易地明白别人的意图，能够根据不同环境做出判断，给出相应的反应。但对尴尬者而言，社交情境则是一个谜题，他们总是找不准别人想说什么，也弄不清楚别人想要什么。在这样的情况下，他们对别人的回应是一种尝试，仿佛在进行一场紧张的投飞镖游戏，对他们来说，别人的眼神就是飞镖。

王晓是一位大龄单身男士，就职于一家互联网公司，担任程序员的工作。他有着相当可观的收入，物质条件可以说非常好，但感情方面非常不顺利。在经历了又一次相亲失败之后，他来找我进行咨询。一见面，我的感觉就是，这个人有些腼腆。经过几次沟通，我大致明白了他的问题所在。他特别提过一个朋友，那位朋友原本非常热心地希望帮助他脱离单身状态，发动了自己身边的各种资源。然而，在王晓经历了一次又一次的失败之后，对方再也不提这件事了，哪怕王晓主动拜托，对方也不肯帮忙。下面是我和他的部分对话：

我：第一次见面，女孩子是个公司职员，对吧？你们在哪里见面的？

王：就在公司附近的餐厅，一个大型商场里面。吃的是炒菜。人是真的很多，我本来就不善言谈，希望对方活泼一点，她确实是个活泼的女孩子，性格挺开朗的。我挺害怕尴尬的，所以去之前做了很多心理准备。我实在紧张，感觉旁边的每个人都知道我是来相亲的，每句话都会被他们听到，因此说的不多。但总体上，我觉得我们聊得还行，还算愉快，但对方似乎不太满意，没再和我联系……

我：你知道对方不满意的原因吗？

王：知道一点儿。我哥儿们说她觉得我答非所问，没法沟通。我觉得我都回答了啊，有什么就说什么，挺坦诚的，不知道为什么这样。

我：那你还记得你们都沟通了什么吗？

王：记得不多了。她似乎问过我，为什么我说自己不擅长交朋友，我的回答大概是问她为什么不擅长做家务吧，每个人都有不擅长的事嘛，对吧？我们应该还聊了聊电影，她比较喜欢浪漫爱情电影，我看的又不多，就没怎么发言……

我：和现在你和我说话的状态类似吗？

王：怎么会类似？我又没找她做咨询。

话题到这里彻底冷掉了，我希望知道的是他当时和对方说话状态跟现在和我说话时的外在表现状态——不看人说话，身体和他人保持的距离显得过于疏远等是否类似，而他却理解成我们所做的事情的类型。他的想法其实没有问题，但说出口的话却往往带着其他意味。他对女孩喜欢的电影话题并不是否定，但他的表现却仿佛告诉对方，自己十分不耐烦。而他愿意回答我的问题，也是在经过多次沟通之后，我们第一次见面的时候，他的不适感非常明显。他后来告诉我，在正式找我咨询之前，他自己已经犹豫了整整一年，因为他害怕和我单独相处，更害怕面对由此造成的尴尬氛围。对他而言，每一次与陌生人的见面，都仿佛是一次临时考试，让他无措又尴尬。

对公开场合和面对面社交的惧怕，以及对尴尬氛围的过分关注，让很多人都陷在尴尬的怪圈中。越来越多的人开始讨厌人际交往，在还没有开始正常交际之前，就把自己否定掉了。

💬 **小测试：下面是尴尬者的特征列表，看看你中了几条。**

你是一个尴尬者吗？		
你总是在陌生的场合感到不自在，不知道要做什么。	是	否
你总是误解或搞不懂别人的问题。	是	否
你觉得自己在社交方面有障碍。	是	否
你宁愿自己在家待着，也不想参加能带来一定好处的社交宴会。	是	否
你觉得自己一出现，氛围就会变得尴尬。	是	否
你觉得总是有人关注着你。	是	否
面对对方的开心或是难过，你不知道该给出什么反应。	是	否
你渴望和别人交流，但害怕尴尬的气氛。	是	否

上面的测试，如果选择"是"超过三条，就证明你有尴尬人群的倾向；如果中了五条以上，不用怀疑了，你就是尴尬人群中的一分子。

第二节
不懂得如何接近对方

对于我们的目标人物或十分想要结识的对象，自然地接近对方远比我们想象的要难。有人曾和我分享过他初入行时的经历，或许你能从中看到自己。

入行半年之后，我终于得到了一次接近××公司采购部主管的机会——一次行业峰会，他是我当时工作的公司最想争取的人，要是能和他签一个大单，我下半年基本上都不用干活儿了，而且还能超额完成任务！在此之前，我已经试着发过邮件，但对方一直没有回应。我的同事尝试过的方法比我多多了，认识的人帮忙介绍、打电话推销等，也还是没有取得进展。直到这一次，不只是我，我们所有人都觉得机会来了。我好不容易托大学同学帮忙获得了晚宴的入场资格，当时我觉得自己很快就要成为同事们艳羡的对象了，根本无暇思考其他。

等到在晚宴上看到对方的那一刻，我整个人都是兴奋的。看着不时有人上前和那位主管说话，我暗暗着急，不知道怎样才能自然地接近对方。如果刻意而鲁莽地上前做自我介绍，按照我听到的消息来看，对方很可能不会理睬我，甚至把我拉入黑名单。我苦苦寻找着上前结识的契机，看着那位主管频繁地和旁人交谈，我甚至在想自己是不是应该无礼地上前打断他们的谈话，或者，等着从天而降的可能存在的某位既认识我又认识他、还愿意为我们介绍的人……那一晚坐立不安的感觉糟透了，仿佛距你10米高的地方有一个红艳艳的苹果，但你踮起了脚怎么也够不到，只差一点点，就永远丧失了得到的可能。

对他来说，这次失败是他永生难忘的经历，当成功触手可及的那一刻，他被自己在人际交往上的问题阻碍了前进的脚步，他不知道如何接近自己的目标人物，甚至连正式登场的机会都没有，便黯然下场了。对很多人来说，接近别人可以说是一个世纪难题，很多人还没走到对方身边，自己就已经慌了神；看着对方和别人说话，自己就紧张不已；想要从容地插进别人的谈话中，甚至是淡定地站到对方的身边，都是他们梦寐以求的事情。

　　和那些擅长拉近距离的人相比，很多不知道如何接近他人的人认为自己有社交恐惧症。事实上，真正的社交恐惧症是指人们对外界的某种客观事物或情境过分地、不合理地惧怕，同时，在恐惧发作的情况下，社交恐惧症患者会伴有明显的焦虑和自主神经症状，并因此影响个人的正常生活。很多人可能并不是真的社交恐惧症，只是对将要发生的事情或在公众场合进行有目的的活动感到紧张和焦虑，就如同我们上面的故事中提到的那个人。他起初也觉得自己可能是"社交恐惧症"患者，在经历过这次失败以后，他在很长一段时间内处于懊悔的状态，觉得自己就是不敢和人说话，自己讨厌社交场合。然而，随着他对人际交往的认识的加深，以及掌握了更多的人际交往的技巧之后，他发现自己原来并不惧怕去尝试沟通，也知道了该如何在类似场合找到契机，自然地和别人搭话，逐渐建立联系。对他而言，让他讨厌社交的是失败，是对现实状况和自己的无力感。因此，请不要立刻认定自己是一个社交恐惧症患者，先想一想，你不敢接近对方，到底是厌恶惧怕这件事情本身，还是因为自己不知道该如何去做呢？

　　人们经常会混淆自己的感觉，也会不自觉地夸大自己的恐惧。就如同我们上面提到的问题一样，在面对不熟悉、无法轻易解决的难题时，我们会希望自己能够避开这个问题。最简单的例子就是每个人都有过的上学时的经历——课堂提问。老师会随机抽取同学们回答问题，除了那些确定自己可以正确回答题目的人之外，其他人都会不自觉地回避老师的目光，哪怕有些人明明知道答案，也害怕自己可能会回答错误。这也是为什么很多人并不是真的社交恐惧症，当人们不知道要如何做的时候，困难让我们相信自己不会人际交往。所以，对于很多人来说，真正困扰他的是交往不得其法，而非恐惧社交。

第三节
不知道要说什么

你有没有遇到过这样的情况，在一个社交场合，你渴望结交已久的某个人物恰好出现在现场，对方仿佛并没有很忙，并且礼貌地接受着别人的寒暄。你希望自己也能和对方搭上话，你终于找到了时机，准备过去好好拉拉关系，中途，你却不得不停下脚步，因为除了"你好"之外，你想不起来要说什么了……

一位资深的客户经理曾经对我说："这个世界上最难的就是想出'你好'后面的那句话。"对他来说，"你好"都算不上打招呼，只能告诉对方，我过来了，对方回一句"你好"或者点头致意之后，仿佛事情已经完结，而如何从容地继续谈话，引出你想要的话题，才是社交真正的难点。

小薇是一家公司的职员，她的性格比较开朗，但在个人业务上却不顺利，进度一直落后于同事。她很着急，最后在朋友的推荐下，找到我寻求帮助。第一次见面，我惊讶地发现，小薇和她朋友口中描述的那个人完全不同。她有些拘谨，虽然没有社交恐惧症的表现，但不喜欢讲话，接话很慢，并且不愿意由她自己引出话题。但在她的朋友口中，她是一个比较热情的人，喜欢和朋友聊聊日常的工作和生活，喜欢开些小玩笑。在认识了一个月之后，小薇渐渐表现出了她的朋友们说的那一面，她会主动和我说她昨天做了些什么，准备去看什么电影以及对某些社会新闻的看法。甚至，她和前台接待的女孩也能主动打招呼了，还会说说天气怎么样。对于这么大的差别，小薇自己也有清楚的认知："我就是慢热。和熟的人相处很容易，我想说什么说什么，想干什么干什么，开玩笑一类的都可以，有点人来疯。但是面对不熟的人，我就像换了一个人，我也不知道具体原因，可能是因为不熟。见到他们我就不想说话，也不完全是不想说，说到底是不知道要说什么。所以，我的很多朋友都是用了很长时间才结交的。他们对我的第一印象就是高冷，有点不好说话。但我真的不是啊！他们和我熟了就知道了，我有点话痨的，不是他们想的那个样子。"

小薇的情况不是个例，很多人都倾诉自己有类似的问题。他们不懂得和不熟悉的人相处，仿佛自带"隔离器"，把自己和别人隔离开来，这种距离感会给别人留下和他们本身性格并不相符的印象。就像小薇的一些朋友对她的初印象是"高冷""不好说话"一样，小薇本人其实很好相处，只是在初次见面时不懂得要说什么，因此才不自觉地避开他人和他人引出的话题。

不知道要和他人谈论什么内容，是人们恐惧人际交往的主要原因之一。无话可说的冷场带来的影响不仅仅是尴尬，还让人们浪费了进行初步沟通的机会，留下了一个不善交际、为人冷淡倨傲的形象，这需要在日后花更多的时间和力气去弥补和更正。更糟糕的情况是，较差的第一印象让人们都没有兴趣去了解真实的你，初次见面的不顺利就打消了人们继续交往的念头。所以，很多人在人际交往上的失败，和搞砸了初次见面不无关系。除此之外，有些人是在想要建立合作关系的目的下，给对方留下了不好的印象。这会让目标对象对当事人的个人能力产生怀疑，因为，仅仅是一个简单的沟通都未能顺利完成，对方怎么会相信你的个人能力和办事效率呢？换作是你自己，你应该也不会选择一个看起来就不好相处的合作伙伴吧。

因此，如果你有过类似小薇这样的情况，并且在自己的人际交往中也遇到过不知道要说什么的问题，那么不用担心，后面，我们会教你如何解决这个问题。

第四节
害怕被拒绝

探讨过讨厌尴尬的气氛、不懂得如何接近他人、不知道要说什么这三个成因之后，我们来谈一谈对被对方拒绝的恐惧。

我很小的时候就有过类似的经历。那时还在上初中，我非常喜欢阅读课外读物，比如《青年文摘》《萌芽》一类的杂志，但我的零花钱是有限的，每月只能选择购买 1～2 本。当时的班级里有好多同学也都喜欢看杂志，每次谁买了自己没买的杂志，大家都会争相借阅。一次，我的一位同学买到了我买了几个月都没能买到的一本杂志，我非常想要借来看看，但完全不敢开口，那期杂志非常宝贵，几乎绝版，我生怕我的同学对我说："这本我要自己收藏，不外借。"或者说："这本书还有 ××× 要看，你要等他看完才行。"对小孩子来说，这样的拒绝就已经称得上是"天大的打击"，而且，我还由此产生了联想，我没借到杂志，等几天后去找×××，××× 会不会又借给了别人，我会不会被再次拒绝。或者说，我心里害怕被可能存在的借口搪塞，担心同学们会暗地里觉得我很烦，非要追着一本杂志跑……我在这样的胡思乱想中度过了两节自习课，一直为那本杂志耿耿于怀。直到最后，我也没敢尝试着去借那本杂志。

现在想想，这种害怕被拒绝的感受，和我们的自尊心、恐惧等心理状态都有关系。小时候的我，会为同学们可能存在的议论而惶恐不已，会为可能收到的拖延借口提前感到难堪。这一点，直到长大之后，才在多方面的学习和锻炼中得到改变。我发现，身边的很多人直到现在，都还是会保持着这样一种心理状态，为可能发生的拒绝而难过，哪怕是一些生活中的小事都不敢付诸行动，如借一支笔、要一份文件。放弃了尝试，也就放弃了成功的机会，以至于在感情和事业上止步不前。究其原因，除了自己内心的胆怯外，还有我们对于他人的不信任。世界是美好的，当我们不相信他人的友善的时候，害怕的感觉只会逐步累积，让人越来越畏缩不前。

小沈是一个性格开朗直爽的小伙子，每个人都很喜欢他。他曾经和我们分享过他的故事，一个直接改变他的性格的故事。那是在七年前，他刚上大学，对一切都感到新鲜。上学的时候，他一直都是被老师夸赞老实的那种孩子，性格较为腼腆。开学没多久，他喜欢上了班里的一位女同学。他寝室的同学知道了他的小心思之后，经常给他创造机会，让他能和那个女孩熟悉一些。小半个学期下来，两人确实熟悉了不少，关系也亲近了许多。小沈想了很久却迟迟没有进一步的行动，虽然有同学鼓励他表白，但小沈一直不敢。他知道另一个系的一位男同学也在追那个女孩，他不知道自己能不能成功，更重要的是，他不知道自己能不能承受被拒绝的痛苦。在他犹豫了很久之后，女孩成了别人的女朋友。大学毕业之后同学们的联系慢慢减少了，在一次同学聚会上他们终于再次见了面，女孩那时已经结了婚。大家开玩笑的时候说起了这件事，小沈这才知道，女孩当年一直在等他表白，但始终没能等到，便以为他可能不是真的喜欢自己。小沈这才知道自己错过了什么，也因此决心改变自己。现在的他愿意尝试，也愿意把握每一个机会，积极参加各类活动，不论结果如何，他享受着每一次努力的过程，以及每一次未见到结局前的期待。对他来说，现在所做的一切只是为了让自己的未来没有遗憾。

很多害怕被拒绝的人都可以想一想，被拒绝是一种不好的结果，这是毫无疑问的，可它毕竟只是无数种结果里的一种结果。没有尝试过，没有发出请求，没有努力争取，那么，你将永远都不会到达终点，甚至连失败的结果都没有。正如小沈一样，他只能在心中默默地缅怀青春最初的悸动，去幻想自己可能得到的结局，然而现实留给他的，只能是一声叹息。

很多人和小沈一样，怀着怕被拒绝的心理，放弃了自己的机会，又在未来一遍一遍地回想，回想可能出现的结局，想着如果当时勇敢一些可能会得到的未来，但是，遗憾是没办法挽回的，正如时光无法倒流。所以，在我们害怕被拒绝之前，请好好想一想，不要让可能到手的机会悄然流逝。

第五节
认为人际交往徒劳无功

很多人可能在小的时候都听过，"不要老是出去玩，有什么用""你的小伙伴再多，你的成绩上不好没人和你玩"等言论。在这样的教育中，我们从小就产生了"人际交往无用"的观念。被灌输的思想告诉我们，和朋友出去玩是浪费时间，交朋友不是生活的重要部分，所以很多人直到长大成人，脱离以考试成绩为一切衡量标准的环境之后，依旧保留着这样的观念，对人际交往的认识始终是含有偏见的。

小辉是一家公司的编辑，从小到大，他一直都不是喜欢交朋友的人。在上学时期，他的好友人数总是固定在两个。他认为，朋友贵精不贵多，朋友多太麻烦了，只要有几个朋友就足够了，甚至好友之间的联系也不用那么多，偶尔证明一下彼此存在就可以了。抱着认为沟通、交朋友都是很麻烦的事情的态度，在大学毕业之后，他决心做一个编辑，他相信，这个工作对交友和沟通没什么要求，他一定能适应。在工作初期，小辉对工作确实十分满意，只用认真完成好自己的任务，做好基础的文字工作，不怎么需要和他人沟通，顶多和同事谈谈稿件质量。然而，时间久了，他身边越来越多的编辑开始接触更多的业务，开始独立策划图书。而他自己，眼见着别人的新书一本接一本地出版，不由得心生羡慕。他试着自己去策划一本书，却发现，这需要非常多的沟通，也需要和许多作者建立联系。他看到某同事和畅销作家 × × 成了朋友，直接签到了对方的新书，也看到自己真心钦佩的作家，在某同事的努力下愿意和公司合作。他开始对自己之前的想法产生了质疑，人际交往真的无用吗？小辉决定主动联系一位他非常欣赏的作家。他在网上搜索许久，也做了很多尝试，但一直没能真正联系上对方。他想到了自己的朋友，他本来就没有几个朋友，而这几个人都没有办法帮助他更进一步联系这位作家。走投无路的他只好去向领导求助，最后通过领导的人际关系网，帮助他联系到心仪的作家。

对很多有着人际交往无用的想法的人来说，小辉的经历是一种警示。我们可以清楚地看到，小辉在他的人生中，一点一点绕着弯子，他选择了似乎不需要无效的人际交往的职业，最后却发现，想要在职业上有所发展还是需要人际交往的。可以说，这世上几乎所有职业都需要正常的人际交往，除了那些普遍被认为需要和人打交道的职业，如营销、销售、发行外，其他职业也需要我们正常的沟通和交际，比如说我们之前提到的编辑，他们同样需要进行公司内部和外部的正常社交。哪怕是不工作，我们还需要正常生活，哪里能脱离开人际关系这张大网？

现代社会，科技迅速发展，合作已经取代单干成为最主要的工作方式。我们很难依靠单一个体，完成正常生活和工作的每一个部分。

一家民营出版公司的老总曾经分享过他的经历。他在创业初期，曾经到处联系作者，希望多储备一些资源。当时，他听说一位成名不久的作家陷入了一场官司，抱着试试看的心态，他给这位作家打了一个电话。令他意外的是，对方立刻就接受了他的要求，于是他很顺利地以一个现在看来十分划算的价格签下了那位作家。在成功签约这位作家后的这些年，作家不仅为他的公司带来了巨大利润，还帮他扩大了公司的知名度。虽然这些年一直有人想要"挖墙脚"，取代他和那位作家的合作，但一直未能成功。

可以说，这位老总做的决定，帮助他选择了有潜力的同路人，同时，他精心维系住了和作家的良好合作关系，用有效的人际交往让同路人一直在他身边，帮他走向成功。

因此，请大家更新自己的观念——人际交往是有用且影响深远的，你的成功与你交往的每一个人都有关系。所以，建立合理的人际网络，是我们必须要做的事情。

第三章
你的人际关系能打多少分

....

我们每天都能看到各类测试，从星座到血型，那你有没有为自己的人际关系做个测试呢？猜猜你能得几分。

第一节
你和你想的一样招人喜欢吗

你有没有遇到过下列情况？

1. 你的同学或朋友有一份资料，愿意借给别人却不愿意借给你。

2. 你在出国的时候会热心帮助朋友或同事代购一些东西，他们出国却不愿意为你代购。

3. 你有事情找别人帮忙，对方没有及时回复，你知道对方是故意视而不见。

4. 你想要知道某件事情的进展或者详细消息，对方却不愿意解答。

很多人都可能遇到过上述状况，我也在社交媒体上见过人们不止一次因为类似上面的事情而发牢骚，要么和朋友吵架，要么自己心里偷偷地难过，甚至有些人决绝地和朋友断交。很多人的想法都是，我很好啊，我对我的朋友也很好啊，为什么他不帮我呢？

答案很简单，你可能没有你想的那样招别人喜欢。

关系是相互的，帮助也是一样的。小宋是一家公司的设计师，在积累了多年工作经验之后，他决定创业，他相信，以他的能力和积累的客户认可度，他的事业一定会成功。在创业初期，他的事业开始了稳定的增长，对行业的良好预期让他决定扩大规模，让公司真正走入正轨。就在他的公司进行改革的时候，行业的"寒冬"悄悄来临。刚刚扩大了公司规模的他傻了眼，加大的支出和有限的收入让他苦不堪言，于是不得不在公司内部进行调整，还用之前赚到的钱贴补公司的开支。然而，这并不是长久之计，他决定找人投资自己的公司。他相信，"寒冬"只是暂时的，只要撑过这几个月，经营状况会立刻好转。在询问了所有的朋友和亲戚之后，他发现，竟然没有一个人愿意投资他的公司，这让他十分挫败，甚至怀疑自己对行业的未来预期是错的。公司最终没能熬过那段时间，但"寒冬"的结束和他的预期，并没有相差太久。

小宋的公司在需要资金的关键时刻，竟然找不到一个能够投资的人，这不仅让他受到了很大的打击，也直接毁掉了他的公司的未来。事实上，小宋在日常的交际中，并不注意管理自己的人际关系，他自己也不确定谁会投资他的公司，所以他问遍了所有认识的人，这种盲目的、大海捞针式的寻找，不仅浪费了时间，还让他的公司经营不善的消息传开了，让那些可能真的有意愿的人望而却步。在小宋的人际网络中，因为个性相投而结交的朋友占了大多数，他们大多有着对艺术、设计的共同理念或独特看法，其中很多都是他的同行，也就是任职于其他公司的设计师，他们并没有强烈的投资愿望。除此之外，小宋的人际网络中就只剩下了亲属和客户。小宋的亲戚都不是富翁，一口气拿出那么多钱去投资公司，他们根本就没想过，他们更相信购买房产这种稳妥的投资方式。而客户方面，小宋的客户有一半有长期合作，但客户所处的行业也呈现不景气的状态，这也是造成小宋的公司生意萧条的原因。这一部分客户手中的资金并不多，而且，小宋主要的对接人并非客户公司的老板，更多的是主管级别的领导，并不能成为公司投资的决策人。总的来说，小宋的人际网络中，并没有人符合投资人的身份，这也是小宋在关键阶段无法找到投资人的根本原因——他压根就不认识这样的人。

由此可见，很多人在遇到困难时疑惑"为什么没人帮我"，其实根源是因为你没有找对人，没能建立、储备相关的人际关系。你的朋友并不是一定会帮助你的人，也不是一定能帮到你的人，认清这个事实是非常重要的。你连能帮助你的人都不确定，寻求帮助又从何谈起呢？

为自己的生活和事业建立合理的人际关系网络，能够让我们在事业或生活遇到危机时，避免得不到有效的帮助，能为我们的未来增添一份保障。但大家也要注意，在别人助力你的未来的同时，你也要相应地助力他人才可以，这并不是简单的以物易物，而是利用互动维持长久的友谊。只有互相沟通、互相帮助、互相体谅，才能真正成为彼此人际网络中的一员。

小测试：看看你的人际关系到底能打几分。

请仔细阅读每句话，圈出相应结果，并计算最终得分。注意，诚实地根据你现在真实的样子作答，而不是你希望的样子。不要担心，答案没有正确或错误。结果会在下一节做具体分析。

你认为	1分	2分	3分	4分
当前的工作中，能够给予你帮助的人有	0个	1～2个	3～5个	5个以上
当前的行业中，和公司以外的人建立了良好关系的有	0个	1～2个	3～5个	5个以上
当前的行业中，未来比较有发展前景的朋友有	0个	1～2个	3～5个	5个以上

当前的行业中，你认识的行业翘楚有	0个	1～2个	3～5个	5个以上
在生活中关系比较好的朋友有	0个	1～2个	3～5个	5个以上
能够在第一时间来帮助你的人有	0个	1～2个	3～5个	5个以上
当前的工作中，你的目标位置（比方说本部门主管等）	几乎没有	较少	较多	很多
在工作或生活上你帮助过的人	几乎没有	较少	较多	很多
在工作或生活上是否得到过别人的帮助	几乎没有	较少	较多	很多
你得到帮助的过程轻松吗	几乎不	有点	比较	非常

第二节
人际关系测试的高低值意味着什么

　　大家已经算好自己的分数了吗？下面我们就来分析一下测试结果吧。

　　首先，分值在 10 ~ 20 分的人，你可能没有你想的那样招人喜欢，你对自己的职业规划和人际关系缺乏关注，你可能很少得到别人的帮助，也很少帮助别人。其次，分值在 21 ~ 34 分的人，你建立了一定的人际关系，对未来有一定的职业规划，你得到了一些帮助，但没有那么顺利，你很少或几乎不优化自己的人际关系网络。最后，分值在 35 ~ 40 分的人，你的人际关系网络比较全面，你有意识地扩大了自己的社交范围，你有靠得住的朋友，不论在事业上还是生活上，你总是能够得到很多帮助。

　　根据结果，分数在 35 分以下的人可能需要注意了，你现在的人际关系可能正在阻碍你的前进，你在生活和工作中的很多问题，都需要耗费很多时间和精力才能解决，这不仅影响你的效率，也会让你更容易产生挫败心理，降低对成功的渴望。而分数在 35 分以上的人，则需要保持好自己现有的状态，进一步完善自己，稳定现有的关系，继续积极建立有用的新关系。毕竟，人际关系网络的建立并非一朝一夕的事情，我们一辈子都离不开它。

有一种比较流行的说法："找到对的人，让你少奋斗十年。"姑且不论十年这个数据是否真实，但在生活中，因为找对人而事业成功的例子比比皆是，找对人的影响力可能远不止十年，它甚至会影响我们一生的事业。据说，哈佛大学商学院曾进行过一项关于个人成功因素的调查，结果显示，一个人的成功，自身因素占了 30%，而人际资源则占了 70%。

美国前总统约翰·肯尼迪就是一个很好的例子。约翰·肯尼迪在参加美国总统选举的初期，几乎没人看好这个相对其他人而言过于年轻的议员。他的家族没有从政的历史，他自己也没有显赫的出身，但他和他的父亲相信，只要努力，他一定能够成为总统。在走向总统之位的道路上，约翰·肯尼迪和父亲强大的人际关系网络起到了十分重要的作用。首先，约翰·肯尼迪曾在哈佛大学学习，不仅以优异的成绩从哈佛大学毕业，还成为当时年级里颇受欢迎的男生，与未来将要从事不同行业的众多校友处好了关系，很多人都了解并且相信他，有些甚至在他参加总统选举后加入了他的竞选团队，为他日后竞选增添了很大助力。其次，约翰·肯尼迪曾参加过第二次世界大战，他在军队里的英勇表现为他赢得了海军勋章等多枚奖章，而且，他和战友以及长官的关系都很好，他的战友曾公开讲述过他的杰出表现，帮他争取到了更多的选票。第三，进入参议院的约翰·肯尼迪和他所属的民主党的成员关系不错，并在选举期间获得了他们的有力支持。第四，约翰·肯尼迪的家人对他的选举活动十分支持，他的弟弟罗伯特·肯尼迪放弃了自己在参议院的工作，发动他身边的所有资源帮助哥哥竞选，还亲自担任了竞选活动的经理，为竞选活动制定了有效可行的计划。第五，约翰·肯尼迪的父亲在媒体行业影响力很大，他发动了自己人际网络中的所有人，对约翰·肯尼迪进行全面而广泛的宣传，极大地提高了约翰·肯尼迪的知名度，帮助约翰·肯尼迪赢得民众选票。

可以说，约翰·肯尼迪能够成功当选总统，离不开人际关系网络的支持。而这一次成功，改变的是约翰·肯尼迪一生的命运，他仅仅43岁就当选美国总统，成为美国历史上第二年轻的总统，同时还是美国历史上支持率最高的总统。

　　由此可见，我们的人际关系网络远比我们想象的更重要，对我们的影响也更加深远。我们需要正视人际关系所带来的影响，以及建立良好的人际关系的必要性。成功只会青睐有准备的人，不要事到临头才想起自己需要别人的帮助，也不要在别人需要你的帮助时漠不关心，只有建立良好的人际关系，我们才能在未来的生活和工作中无往不利，创造更大的价值，实现更美好的人生。所以，回想一下我们本节开篇提到的测试结果，你的改变时刻已经来临，抓紧机会吧。

第三节
寻找方向，突破困局

　　想要改变自己的人际关系，我们需要先来认识一个关于人际关系的著名理论——"人际关系三维理论"。1958 年，美国社会心理学家威廉姆·舒茨提出了著名的"人际关系三维理论"。舒茨认为，人际交往的愿望和需要是每个个体都有的，而不同的人有着不同的需要。根据每个人对别人的基本反应倾向、需求方式的不同，舒茨把每个个体在人际互动的过程中的需要总结为三种——包容需要、支配需要和情感需要。这三种基本的人际需要直接决定了个体在人际交往中所采取的行为，以及个体如何描述、解释和预测他人行为。同时，根据个体的表现，舒茨将每种基本人际需要进一步划分为两种——主动和被动。

　　我们通过下面的表格来详细了解一下三种需要的具体内容。

人际关系三维理论			
	含义	主动性	被动性
包容需要	个体希望与他人交往，愿意建立并维持和谐关系的需要	主动与人交往，积极参与社会生活	退缩、孤立，期待他人的接纳
支配需要	个体控制他人或者被他人控制的需要	喜欢运用权力，影响及控制他人	期待他人引导和支配，愿意追随他人
情感需要	与他人建立和维持亲密关系的需要	对他人表现出友善、喜爱、同情和亲密等	冷漠，期待他人对自己表现亲密

根据上述内容我们能够知道，每个人在正常的生活中，都有各自的人际交往愿望和需要，就像英国诗人约翰·多恩诗里写的那样："没有人是一座孤岛，可以自全；每个人都是一小块泥土，连接成整个陆地。"按照舒茨的分析，我们不仅可以了解自己对于人际交往的需要，也会明白他人在人际交往中渴求的是什么。上述的三种基本需要，是所有人在

成长和生活中必须被同时满足的。在个人的成长过程中，如果上述的三种需要一直缺失一种或几种，就可能让这个人在成年之后产生一定的社交障碍。

我们可以回顾一下自己之前的经历，不论是童年时期，还是求学阶段，其中肯定发生过某些事情让你至今难忘，正是它们影响并造就了现在的你。

小札是我的中学同学，刚入学的时候，大家都挺喜欢这个男孩子的。他开朗幽默，还喜欢帮助同学。直到初二的那个寒假结束，刚回到学校的他吓了大家一跳，整个人不仅沉默寡言，还有些阴沉，没有人知道他为什么变成这个样子。没多久他就转了学，杳无音信了。一晃十几年过去了，在一次同学会上，他竟然出现了，看起来很客气，和人打招呼也还算得体，但依旧不复当年"小太阳"的模样。在重新建立联系的几年后，小札和我的私交越来越好，一次，他突然提起了当年的事情以及他转学的真正原因。那年寒假，小札和他从小玩到大的好朋友一起参加数学补习班，两人每天一起上课，过得十分开心。一天下课后，小札的好朋友去他家玩耍，偶然看到了小札私藏很久的变形金刚玩具，那是小札的小姨专门从美国带回来送给他的生日礼物。小札的好友想拿来看看，没想到小札突然生气了，还把对方赶出了家门。事后小札也觉得自己反应过度，想来想去决定第二天请对方吃个冰棍，当作道歉。然而，第二天一进补习班，他发现自己忽然变得讨人嫌，很多同学都对他一脸不屑，小札的好友压根就没理他，班级里体格最大的男生还骂了小札。整整两堂补习课，没有一个人理会小札，他突然被孤立了。一下课，小札的好友就和一帮男生一起走了，看都没看小札。随后的日子里，小札在补习班里遭到了同学们的孤立和语言暴力，身心疲惫。后来他得知，这些欺凌竟然都源于他的好友，好友将他们之前说过的对一些同学吐槽的话添油加醋地在班级公开了，并且都变成了小札一个人说的。小札为此大受打击，他再也不敢相信任何人了。学校开学之后，他的很多补习班的同学也在我们的中学读书，这让小札时刻怀疑别人在诋毁他，很快便求着父母转了学，逃离了熟悉的环境。

对小札而言，年少时的背叛和他人不友善的对待让他丧失了对别人的信任，情感需要也从主动转向被动，虽然成年的他已经与过去的痛苦和解，但情感需要依旧更偏向于被动。

对每个人来说，原因和结果都不是单一的，但我们可以梳理它们的脉络，寻找事情发生的痕迹。这不仅能帮助我们重新认识真实的自己，还能够让我们的内心变得强大，更重要的是，你会发现，梳理过后的回忆和情感，让我们为人际交往方面的问题找到了根源。这些问题将不再令我们苦恼，我们知道它们是怎么来的，如何产生的，又是怎样一步一步对我们造成影响的，最终问题才能够被解决。

因此，我建议每一位读者都根据上述理论，先判断一下自己的三个需要的具体类型；然后，简单地回顾一下自己的人生，找出上述结果的原因；最后，在认清自己的基础上，接纳我们本身，并由此开始寻找突破口，改变我们的人际交往方式。

第四章
三种人际关系模式

人际关系主要有三种模式，你积累的
人际关系主要是哪一种呢？

第一节
传统模式

传统模式的人际关系，主要建立在私人关系上。这里的私人关系包含血缘关系、亲属关系和同学关系。很多人可能会单独把血缘关系和亲属关系提出来作为一类，但在这里，我认为，上述的三种关系都属于私人关系，它们是有共性的。

首先，血缘关系和亲属关系最容易理解，它们几乎等同于个人关系，基本上，每个人一出生，血缘关系和亲属关系便已经确定了。如果严格衡量，血缘关系只能根据身体带有相同的遗传基因的多少来判断，比方说我们的直系血亲，如我们的父母、祖父母等人。除此之外，广义的血缘关系，就好比我们听过的那首歌《中国人》中唱的那样——"我们都是中国人"，随着民族意识逐渐增强，血缘关系可以适当拓展，将民族关系纳入其中。比较常见的是，所有在国外的同胞都会不自觉地寻求同胞们的帮助。而这个身份，和直系血缘关系一样，是我们一出生就已经注定的。我们的民族意识，会在成长过程中逐渐形成，成为我们行事和选择的依据之一。

亲属关系涵盖范围很广，它不以血缘为判断基准。如果你有一位舅爷爷，那么，他的孙子就是你的表兄弟，依旧在人们普遍认为的亲属范围内，属于你的远亲。同时，亲属关系还会随着时间的推移而变化，你的舅舅可能会娶妻，那么你们的亲属关系会直接延展，拓宽到舅妈、舅妈的朋友和舅妈的亲戚等。由此可见，亲属关系能够涵盖的范围是非常大的。而且，除去特殊情况，我们的亲属关系一般都处于同一层级，也就是说，大家的消费水平和家庭收入，以及在不同单位所处的相对位置，有一定的差距，但并非鸿沟，差距特别大的亲属关系相对较少。这两种关系的维护一般都是私下进行的，不论是家庭活动还是外出聚餐，基本上都是以感情为纽带，把加深感情联系当作比较常用的维系关系的手段。

还有一种情况，亲属关系除感情因素的维系，还建立在家族式的利益共同体上。这可能会涉及金钱和利益的合作，因此，在这种情况下，亲属关系的维系就需要从情感和利益两个方面一同进行。

　　其次，同学关系几乎是我们每个人都会有的。和同事关系相比，同学关系的本质比较特殊。两种关系的名字虽然相近，但在建立的过程中，同学关系的功利性明显较少，情感牵扯更深。同学关系是指我们在上学阶段，包括小学、初中、高中、大学等所有在学习阶段认识并结交的同学。升学制度让我们在每进入一个新的学校时，便会迎来很多新的同学，每一位同学的相遇和分离，都会给我们带来改变和新的机遇。之所以将同学关系纳入传统模式，不仅因为同学关系是普遍存在的，还因为大部分的同学关系在我们步入社会之前，都建立在私人关系的基础上。我们不会涉及大额度的利益，也不会抱有过于功利的目的性。而且，同学时期的友谊，往往更加真挚，彼此有着共同的经历，陪伴对方的成长，也见证着对方的青春。大多数人都习惯将同学关系划分到私交的范畴。所以，同学关系，可以纳入传统模式的人际关系之中。

　　你可以思考一下，现如今，曾经的很多同学都已散落在世界各地，大家从事着不同的行业，也掌握着不同的资源。他们的存在，直接跨越了空间的限制，能够让你的人际关系网直接拓宽到全新的维度。他们每一个人都牵连着你的回忆和少年时光，你们更容易找到彼此感兴趣的话题，也更容易激发过去的感情，你们都曾十分了解彼此。请记住，每一位同学都是我们重要的资源。

综上所述，传统模式是比较固定的人际关系模式，也属于我们比较容易维系的人际关系之一。个人身份本身就是我们接近他人、维系关系的通行证，而且，这种传统模式的人际关系，和我们个人的情感有着很深的联系。所以，维系传统模式的人际关系，也是维系我们自身的感情，能让感情找到归属这一需要得到满足。

第二节
战略性模式

　　战略性模式的人际关系，是指建立在同一目标上的人际关系。这里的同一目标既是指你和对方可能拥有的共同的目标，也是指你与对方的利益有着紧密的关联。这种关系模式和传统模式不同，目标性很强，建立过程也更加理性。详细地说，战略性模式包括同事关系、合作关系，以及不明确的非固定关系。

　　首先，我们分析一下同事关系。同事关系是指曾经或者正在和你一起工作的同公司的人，包括你的上级、平级、下级的所有同事，以及与你无直接沟通的其他部门的同事。之所以把同事关系纳入战略性模式，是因为与我们共事的人，不论长期还是短期，多还是少，都有着共同的目标和利益。你的直属上下级最好理解，因为任务的委派和传达就是在你们之间进行，你们是直线的从属关系。而你的平级不单单是你的竞争对手，也是你的人际关系之一，你们可能会有共同的部门目标或利益追求，需要展开合作和资源互换。此外，同公司不同部门的同事也是重要的资源，你们的共同目标会扩大到公司层面。因此，很多临时的项目小组和短期的跨部门合作，是发展部门外同事关系的好机会，你的缺点和优点，很可能会通过别人的评价传给公司里的其他人，甚至是传到领导的耳朵里。

而且，现代企业的人员流动性普遍较大，很多同事来来往往，没几天你身边的人可能就已经换了一拨。他们或者还在同一行业，或者转行尝试新的职业。同一行业的前同事会直接将对你的评价带到他所在的公司，直接影响到你未来换工作的顺利与否，如果你去他所在的公司应聘，那么人事部门的职员必然会询问他对你的评价。而不同行业的前同事，则可能给你带来新的合作机会。

其次，合作关系，是指和我们产生交集的所有公司外的合作人员。在这个过程中，我们既可能是甲方，也可能是乙方。我们的合作对象包括个人和公司，如供货商、批发商、零售商等。我们既是对方的客户，也是对方的资源。而合作关系涉及的范围比较广，包含本行业，也包含其他合作过的行业。合作关系的一个特点是具有广泛传播性，你和对方的合作顺利与否不仅会直接影响你们下一次的合作，还会影响你和其他合作方的合作。

很多人似乎都不相信这一点，微博上的一个事件或许可以说明一切。几年前，一家出名的书籍装帧设计公司在微博上公开点名批评某知名出版公司的编辑，还将和对方的聊天截图发了出来。因为对方言而无信，稿件一再修改，又一再拖延付款时间，书籍装帧设计公司公开表示将不再与该出版公司合作。虽然这条微博的转发量相当惨淡，但后续的影响却很明显。我认识的几个设计师，都默默地拒绝接这家出版公司的项目，借口是自己最近工作已满，没有时间。他们认为，一个没有契约精神，并且还不尊重合作者和合作者的劳动成果的合作方，完全不值得浪费时间去合作，他们宁愿和之前合作顺利的公司，或者设计圈内认可度高和评价比较好的公司合作。可以说，一次失败就直接让那位编辑和那家出版公司的名声变差了许多，也直接降低了其他优秀合作者与他们合作的意愿。

最后，随机关系，指那些随机的、不可预测的关系。此类关系是建立在一致的目标上，不论是感情还是其他原因。这类关系不属于我们日常工作和生活中的固定关系，它们甚至可以说是可遇不可求的。打个比方，你在一家商场买东西，刚好遇到一位来买东西的顾客，你们凑巧聊起了天，随后交换了联络方式。他便成了你的人际关系网中的一员，为你打开了更多的领域。随机关系是基于偶然性存在的，所以，我们很难有目的地去建立、把控它，你遇见的每一个陌生人都有可能成为你的随机关系的对象。因此，把握好每一次机会，友善地对待他人，是我们能够建立随机关系的基础，做好上述两点，你就有可能把随机变成必然。

综上所述，战略性模式就是基于共同目标而建立的关系。明确的目的性可以帮助我们快速区分这些关系所属的分类，也更容易让我们弄清楚对方的期待，以及如何回应对方的需求。战略性模式对我们的工作有很大影响，直接的利益相关大多集中在这种模式上。因此，调控好自己的战略性人际关系，是我们取得事业成功的必要条件之一。

第三节
交集点模式

　　交集点模式的人际关系，是指拥有共同爱好的人际关系。在现代社会中，随着社交媒体的普及和大众自我表达欲望的攀升，拥有共同爱好成为普遍的交友标准之一。共同爱好能够跨越地域、时间和行业，将看似毫无关系的人们联系在一起。这里所说的爱好涵盖范围很广，不仅仅是喜欢绘画、音乐这样广泛的概念，而是更加细致的分类。

　　人类的本能促使我们去寻求认同，在心理学中，这种情感需求被称为归属感，也可以叫隶属感，是指个体与群体间的一种内在联系。也就是说，每个个体都会和特定的群体之间存在一定的从属关系，而从属关系上的划分、认同和维持，是归属感的具体心理表现。我们个人的喜好、判断都会促使我们去寻找和我们有着类似喜好、判断的人，并在和对方的相处中得到认同感。我们自己可以在这个过程中减轻个人的孤独感，增强心理上的安全感。

在现代生活中，越来越多的人喜欢并渴望建立交集点模式的人际关系，并且往往能将这种关系维持很久。有些人因为一本书结成朋友，友情长达数十年；有些人因为一句话成为伙伴，共同创业；有些人因为同一个偶像，成为彼此的开心果，结伴去旅游、去探索世界。可以说，交集点模式的人际关系很大程度上满足了个人的心理需要，不仅帮助人们获得了心理上的愉悦，寻找到了志同道合者，还帮助人们拓宽了自己的人际关系。同时，因为这种模式的关系目的性不强，刻意度不高，对方不会设立过强的心理防线，交往也就更加自然。

我的一位同事小优是某明星的粉丝，她加入了该明星的一个粉丝群，并慢慢结交了几个志同道合的朋友。几个人单独组成了一个小的群体，定期聚会，还相约去国外旅游。一次，小优被委派完成一份宣传企划案。这份企划案和她之前完成过的截然不同，完全是另一个领域的产品。小优手中并没有该领域的详细资料，也缺乏在该领域的相关人际关系。为了完成工作，小优搜集了大量资料，但在价格评估环节，因为缺乏翔实的数据参考，费用一直居高不下，不符合领导给出的参考标准。小优想起在自己的小群体里，有一位朋友的男朋友正和该领域的某公司进行合作。小优便向那位朋友寻求帮助，很快，朋友就通过男朋友找到了行业内可参考的详细数据资料，帮助小优剔除掉某些虚高的报价，拟订了更加合理的预算价格，让一直偏高的预算降了下来。

在小优看来，这位朋友此前并未被归纳进她的人际关系网，她们的结交仅是因为共同的爱好，对方的行业和她也毫无交集，两人的话题总是围绕着远离工作的那些"闲事"。直到这一次，她才意识到她的人际网络其实早已拓宽，只是自己并没有认真思考过。也正因为两人并无利益瓜葛，所以对方的帮助也就更加迅速，不需要过多考虑其他因素，事情因此而进行得更加顺利。

在交集点模式中，你和他人的每个交集点，都可以被看作一个初始原点，能够向外无限扩散。同时，扩散出的人际关系可能和你现有的人际关系网发生重合。没有关系，这是一件好事情，这种重合对巩固原有的关系是有一定帮助的，也变相地增加了你们之间的共同点，能更好地维持原有的关系。

交集点模式的人际关系不是通过某种强制手段建立的，它更多的是根据你自身的喜好、偏向、想法和行为建立的。我们需要在生活中的某些时刻放松自己，让内心得到快乐和宁静，这样才能更坚定地走下去。因此，在建立交集点模式的人际关系时，不需要有太大的心理压力，也无须具有强烈的目的性，而是要从内心出发，选择那些自己真正喜欢的东西，先让自己的内心获得满足。良好的心态将会成为我们建立关系的基础，也能够让我们更好地坚持下去，保持愉悦的心情结交不同的人，获得心理上的满足。

　　总而言之，交集点模式既能够给参与者一个轻松的空间，还能给双方带来新的机会。此外，在正常结交的基础上，我们也要认真考察自己的交集点模式的关系网，适当梳理关系网中的人际关系，为可能出现的机会做好准备，让交集点模式下的人际关系成为其他人际关系的强有力的支撑。

第四节
你适合什么模式

　　我们已经了解了三种人际关系模式，那么你适合哪一种呢？微软前总裁比尔·盖茨曾经说过："知道自己究竟想做什么和知道自己究竟能做什么是成功的两大关键。"

　　关于人际关系，我们在第一章第一节就讲过，动机是促使我们改变的根本因素，也直接决定着我们的改变是否能够坚持下去，取得成功。

　　为了确认我们适合哪种人际交往模式，我们必须先去理解个性特征的概念。这个概念有很多种具象的表达方式，核心则是一个我们都听到过的问题：你会一如既往地保持固定的行为模式，还是会在环境和周围人的变化中，调整自己的行为呢？

　　我们举个例子，假如你此刻正准备去和朋友聚会，你的朋友临时决定，想要介绍两位女性朋友给你认识，一个是小兰，一个是小红。小红比较爽朗，个性主动，在谈话中总是占据着主导地位，不仅控制着话题的走向，还喜欢阐述个人观点，希望别人参与讨论。小兰则截然相反，她比较温柔，举止温和礼貌，愿意配合别人讲话，很少主动开启新的话题。假设你在聚会过程中和两人都进行了交流，你会因为交谈对象的变化，改变自己的沟通方式吗？你和小红说话时，会不自觉听从对方吗？你和小兰说话时，会主动占据主导地位吗？

　　你的个人行为结果可以先保留，我们看看实验研究是怎么说的。芬兰赫尔辛基大学的研究人员设计了一个实验，来研究人们在不同情况下，行为能够在多大程度上保持不变。他们寻找四位演员帮助参与实验，每位演员扮演一个角色，分别是主导型、顺从型、温和型和能言善辩型。实验开始时，研究员让四位演员分别进入四个装有监控摄像头的房间，随后让作为被测验者的学生从一号房间开始，在每个房间随机讨论五分钟，保证每个学生与每个演员都产生互动。研究人员会根据录像观察学生的行为，并为他们在四种不同情况下的行为进行打分。学生们会因为交谈对象的变化而变得强势或顺从吗？他们是否会不自觉地产生变化呢？

　　结果表明，不管与哪个演员进行交谈，学生们的行为前后基本是一致的。在实验过程中，学生中有 42% 是行为不变的，在不同的环境中行为产生变化的人仅有 4%。而剩下 54% 的人的行为则是随机的，也就是说，这 54% 的人的行为受到无法准确解释的因素影响。从这个研究中我们能够了解到，人们的大部分行为在不同的情况下能够保持一致性。当然，这不是绝对的。在现实生活中，人们的行为多半是随机的，但稳定不变的性格会直接影响个人行为，这也是人们在不同情况下，保持自己行为一致的原因之一。重要的是，这样具有一定稳定性的行为模式，是人们自我感觉良好的根源之一。

在不同的环境中，或者和不同的人相处，人们的大部分行为都会保持一致。这种稳定的行为模式将人分为内向型和外向型，日常中最直观的表现就是有些人寡言，有些人善辩，这样的特点我们一般称之为个性。个性在很大程度上是由基因决定的，很多人一生都不会发生太大的个性变化。在生活中，人们总是忽略个性对自己的影响，因为它几乎使人们无意识地产生某种行为。因此，当人们的行为符合自己的个性的时候，他们会非常自然和放松；但如果人们刻意做出不符合自己个性的行为的时候，他们虽然能够完成这个行为，但会明显感觉到不自然、不自在，这使得人们需要耗费

更多内心的力量去维持这个行为。通常情况下，这样的行为
不仅需要更多的精力，还很难长期坚持。

　　弗吉尼亚大学曾进行过类似实验，目的是发现人们的行
为不符合其个性时会有怎样的表现。实验开始前，研究人员
将实验参与者按照个性分类，一组为外向组，成员较为活
泼，善于沟通，也愿意表达自己；另一组为内向组，成员较
为安静，不擅长表现自我。随后，这两组成员需要表达自己
对一个极具争议的话题的看法，并且需要表现出与自己截然
相反的个性，也就是说，内向组的人需要假装自己是外向性
格的人，反之亦然。研究人员又随机请了一组人员观看上述
视频，为每一位实验参与者的表现进行评分。研究结果显
示，哪怕在刻意表现的情况下，外向组的成员还是比内向组
的成员更活泼，内向组的成员则比外向组的成员更内敛。观
看视频者完全没有被刻意的表现误导。由此我们可以得出这
样的结论，人是很难改变自己天生就有的行为倾向的。即便
人们努力做出和自己个性相反的表现，也很难像天生拥有那
种个性的人一样游刃有余。总而言之，人们很难成为一个根
本不是自己的人。

　　所以，每个人都必须要认清自己。我们在上面描述的人
际关系，不论是传统模式还是战略性模式，抑或是交集点模

式，都可以根据自己的性格去妥善地拓展和建立。但重点是，建立任何模式都需要符合自身内在的性格，勉强自己成为一个不是自己的人，对个人的人际关系毫无用处。每个和你结交的人，都希望你是真诚、可靠的，而非一个表演并不自然的"演员"。所以，认清你的性格，建立适合自己的人际关系非常重要。

但在这里需要说明，上述三种模式在生活中并非要求我们只能采取一种，抑或是全然兼顾。三种模式的分类，是希望帮助读者认清自己身边的关系，了解其特点和需求，建立良性的人际关系。所以，你可以说，你希望你的人际关系以传统模式为主，因为你非常看重家人，那么你或许可以为你的亲人留出更多的时间和精力；你也可以说你的性格外向，更想维护好同学关系，那么，你的第一步就是梳理你的同学关系。总之，每个人都应该在发挥自己长处的基础上，再去拓展自己并不擅长的部分。你可以在维护好传统模式的人际关系之外，尝试其他模式，比方说交集点模式，你可以发展自己的爱好，和更多的陌生人交流。而这个时候，在巩固和发展了你更擅长的领域之后，你的其他能力也已经得到了相应的提升，你的外在表现和沟通能力都会有所改变。这其中的原因很简单，不论是建立哪种模式的关系，你都需要进行

基础的人际交往，人际交往也是一种技能，是能够通过一次
又一次的尝试和运用逐渐提升的。你的基础的人际交往能力
得到了提升，其他模式的人际交往的阻碍就会相应减少。就
好比小的时候学习语文和数学，语文学好了，对数学题目的
理解能力也会提升；数学学好了，语文的逻辑思维能力也会
提升。

　　现在，回想一下人际关系三维理论，结合主动和被动，
想一想，你希望从哪个模式开始尝试呢？

第五章
建立属于自己的人际网络

这个世界并不在乎你的自尊，只在乎你做出来的
成绩，然后再去强调你的感受。

——比尔·盖茨

第一节
走出第一步的勇气

> 要想成功，必须具备的条件就是，用你的欲望提升自己的热忱，用你的毅力磨平高山，同时还要相信自己一定会成功。
>
> ——戴尔·卡耐基

在第二章我们提出了恐惧人际交往总共有五大成因，如害怕尴尬的气氛、不懂得接近后要说什么……它们让我们在迈出第一步之前战战兢兢，如临大敌般恐惧退缩。因此，想要改变，首先要做的就是重拾勇气与自信。

勇气和自信并非是天生的。很多人都羡慕别人，认为别人从不感到惧怕，但事实上，每个人都会在面临某些状况时感到紧张，哪怕是我们公认的成功人士。戴尔·卡耐基的经历或许可以给我们一点启示。

戴尔·卡耐基是美国知名的人际关系学大师，还曾获得过青年演说家奖。他一生帮助很多人提高了个人能力，不论是美国州长、国会议员、娱乐明星，还是普通工作者、学生。这些人都在探索外界的过程中丧失过自信，为表达和沟通头疼不已。一次，卡耐基会见商人根特，两人共进午餐的时候，根特先生向卡耐基倾诉，自己一直尽量避免在公众场合发言，但他刚刚被推举为某大学董事会的主席，需要主持会议。他很担心，害怕年过半百的自己没办法完成这个任务。卡耐基很坚定地告诉他，他一定能成功。几年之后两人再次见面，卡耐基看到了与之前截然不同的根特，他的各种演说和会议已经排到了几个月之后。现在的他对演讲和公开发言都很坦然，并且已经开始从中收获快乐。

上面这个例子或许就是我们可以改变自己的明证。当我们想要拒绝迈出第一步的时候，害怕和胆怯会将我们的恐惧放大，在满分是 10 分的情况下，5 分的担心在幻想的加持下，可能立刻变成了 10 分。人们普遍因为恐惧而退缩，直至放弃尝试。

小的时候学习游泳就是这个道理。在下水前的那一刻，恐惧是最大的，我忍不住想起所有自己知道的恐怖故事，还有电影《大白鲨》里的画面，仿佛自己面对的不是一个小小的游泳池，而是无尽的大海，一下去就会被吃掉。但事实上，下了水开始学习游泳根本没那么难，在水里面你会逐渐摆脱那些恐惧，因为游泳本身就是愉快的。这和考前恐惧症十分类似，我们内心的压力转化成对考试的恐惧，甚至引起了生理上的反应，如冒汗、手发抖、脸色苍白、呼吸困难等。

因此，放缓心态吧！先正视自己，然后才能开始主动做出选择，不要让不实际的幻想和恐惧把我们吓退，不要忘了自己渴望改变的内心。确认自己的内在动力，开始获得勇气，是我们人际交往过程中迈出的第一步。我们可以尝试以下几个方法：

1. 提前排练，给自己建立提示点

俗话说"熟能生巧"，当你不敢迈出第一步的原因是不够熟练的时候，你的紧张和恐惧就是来自你的不自信。因此，反复的练习能够帮助我们减少紧张感，也能让我们对可能发生的状况更为了解。第一步，熟悉自己想要表达沟通的内容。如果是要参加固定主题的会议或者是行业内部的交流会，你可以提前准备一些资料；如果是想要和固定的人物交流，那么你需要熟悉并且了解你准备和对方沟通的内容。如果害怕自己在交流时言语不流畅，或者思路受影响，你可以

提前将所有资料做好总结分析，并直接背诵下来。第二步，反复排演。将你准备好的内容、想好的话题等资料，以你正常说话的音量，认认真真地说出来。在练习过程中，注意语言的流畅度，用词最好得体恰当，注意区分场合，根据发言环境选择自己的表达方式。比如，在正式场合最好用词严谨，说话清晰而准确；在非正式的场合中，可以适当用轻快一点的表达方式。第三步，找人陪练。向你的朋友、家人寻求帮助，让他们充当你需要交流的对象或是你需要出席的活动的观众，在这个环节中，注意要尽可能地认真、严肃，不要像开玩笑一样进行，那只会起到完全相反的作用，你的笑场很可能让你在正式表达的过程中分心。只有认真排练，才能帮助你在正式表达自我时保持冷静，并且提前应对自己内心惧怕的东西。

很多人说，我原本知道要说什么，而且记得很牢，但是一紧张就会忘了要说什么，这要怎么办呢？面对这种状况，你可以采用记住要点的方式，为自己建立提示点。将你要说的内容不断地进行整理、浓缩，直到它们能够成为关键的条目，然后将所有重点条目列出来，在背诵时进一步进行完善补充，在表述过程中，将内容添加完整。也就是说，你看到1就能说出所有1开头的数字，看到2就能说出所有与2相关的数字。这个过程需要反复地练习和思考，让背诵的内容"活"起来，不仅成为背下来的固定内容，还要成为可以自行压缩和解压缩的内容。有了重点条目，你只要将条目整理存好，不论何时，就都能很容易地回忆、复习。

2. 自我暗示，让对成功的渴望充斥内心

很多人可能都听过一句话："越怕什么越来什么。"这句话实际上和一个很知名的心理学效应——墨菲定律有关系。墨菲定律是由美国爱德华兹空军基地的上尉工程师爱德华·墨菲（Edward A. Murphy）提出的，它和"帕金森定律""彼德原理"并称为 20 世纪西方文化的三大发现。它的具体内容主要有四个方面，我们当前只探讨其中一个方面的内容，那就是"如果你担心发生某种情况，那么它就更有可能发生"。通俗点说，就是越怕什么越来什么。这个效应十分广泛地存在于我们的日常生活中。我们总是会小心地做事情，但结果往往不尽如人意。比方说端着满满的一杯牛奶，你想着一定要小心，不要洒出来，实际上有很大的概率牛奶会洒出来。

按照这个理论，你在面对他人的时候，心里想着"我不

敢和他说话""我不知道要说什么""我有社交恐惧症，我不擅长和人交往"……那么最终自然很难会有好的结果。好比你在你和别人之间筑起了一堵墙，随着你的想法越来越糟糕，你的行为越来越退缩，你们之间的墙也会越来越厚。你的潜意识被恐惧和紧张占满了，你又怎么可能自然而然地主动出击，连被动接受都将成为不可能完成的任务。

那么，反过来想想，如果我们持续地给自己释放成功、积极的信息，结果会不会发生相应的改变呢？答案是会的，你会相应地发生改变。这其实就是心理学中的心理暗示，它是指人们受自己或他人的愿望、观念、情绪、判断等影响的心理，是人们日常生活中十分常见的心理现象之一。客观上讲，它是一种建立在主观意愿上的假设，不一定有根据，但由于个人在主观上已经肯定了它的存在，心理上便会不自觉地去贴合假设。最显著的例子就是广告，汽水广告会将汽水和清凉感联系在一起，那么口渴的时候你就会更希望购买它，因为你的内心已经收到暗示，觉得汽水解渴、凉快。应用在生活中，你可以对自己说"很简单，就是聊聊天"，"我准备好了，非常完美"，或者"我足够好，大家会接受我的"等。或者，你也可以采用幻想的方式，只是这一次不要幻想所有失败后的情形，而是要幻想成功后的自己，比方说你赢得了众人的掌声，结交到一位了不起的人物，开心地和别人沟通了很久等。用积极对抗消极，不论是言语还是幻想的画面，你要让自己潜移默化地相信，你能改变自己，也能突破自我构筑的堡垒，正常地与他人进行交流。

3. 注意肢体语言，掩饰内心的紧张

肢体语言是指通过身体的各种动作传达与外界沟通的一种交流方式，它往往能够表明我们内心的真实感受。虽然很多人能够成功地通过言语和他人沟通交流，但肢体语言的不协调却直接降低了言语的可信度。实验证明，在向外界传达信息的过程中，单纯靠语言传达的信息占比为45％，剩下的55％都是靠语言之外的方式来传递的，肢体语言正是其中一种传递方式。因为肢体语言总是被忽略，多数情况都是不自觉地流露出来的，属于非刻意表达，所以很多人认为肢体语言的可信度更高。

对我们来说，在言语上做好准备之后，还需要纠正自己的肢体语言。比方说，你正在和对方说自己对对方的话很感兴趣，但眼睛却总是不自觉地避开对方的目光，身体向与对

方相反的方向倾斜，那对方恐怕很难相信你说的话。想要掌握肢体语言，最好的方法是观察自己的行为，私下对着镜子反复练习。

掌握肢体语言的艺术，不仅能使我们的言语更加令人信服，还能掩饰自己内心的紧张，表现出更加得体、更加从容的状态，从而更容易获得对方的认可。掌握肢体语言需要注意以下几点：

（1）放松自己，但不要太放松

你需要适当放松自己的身体，以使你的动作和行为更加自然、舒服。有些动作，比方说双臂交叉置于胸前的姿势，很多人都喜欢做，但这是一种典型的防御动作，摆出这个动作的你很可能不认可对方的观点，或者不想和外界交流；再者，身体过度前倾也是我们紧张的表现之一，调整好距离，适当放松肩颈部位的肌肉是一个好的选择。

要注意，放松自己是正确的，但不要过于放松自己的身体，尤其是要控制腿部动作。动作范围过大会入侵他人心理上的安全距离，极易引起对方不适和反感。

（2）适当地进行目光交流，不要回避，也不要盯着对方看

在和他人交流时，眼神交流很重要，你和对方的眼神交流证明你正在认真倾听对方的话，并且十分重视对方，这是突破他人心理防线的方法之一。如果你回避对方的眼神，对方可能会认为你并不想交流，或者心不在焉。但如果你一直盯着对方看，则会引起对方的警觉，因为这样的眼神代表着某种攻击性，长时间的注视会让对方感觉自己正在被监视。美国前总统肯尼迪的妻子杰奎琳非常擅长运用眼神交流，许多和她交流过的人都认为她很擅长交际。因为她不仅会选择合适的话题，还会通过眼神交流，让每个与她对话的人在感受到自己被重视的同时，又不会觉得被冒犯。因此，适当地进行眼神交流吧，用眼神告诉对方，你正在认真倾听。

（3）给予回应，不单单是通过言语

给予回应的方式很多，很多人都不喜欢一直回应对方"是""对"之类的词语，觉得长时间说会很尴尬，但对方又需要知道你对他所讲述或者谈论的内容是否感兴趣，这个时候肢体语言可以帮助我们解决问题。比方说常见的点头，在

对方提出某一观点或者某段话告一段落的时候，适当地点几下头，表达出你的想法，会让对方更有继续说下去的欲望。

（4）保持微笑，平和心态

对对方的言语和话题感兴趣的时候，需要适当地微笑，当然，若是对方讲了一个有趣的笑话，把大笑作为回应也未尝不可。自然地展露笑容，可以让你看起来更加自信，更加游刃有余。

（5）放慢节奏，不要太急

人在着急的时候总会犯错，也会让别人对你产生脾气不好、做事情莽撞的印象。因此，放慢节奏是一件很重要的事情。不论是平常走路还是与人沟通，以正常的速度行进就可以了，这不仅显得你做事情从容，也会在做出决定之前为你留出更多的时间来冷静思考。

（6）不要抖动身体或进行其他分散注意力的行为

很多人为了消除自己的紧张感，会不自觉地抖腿，这个行为会让他人觉得你不够专心，或者是你本身不够稳重。还有些行为，比方说转笔，会直接分散他人的注意力，让他人无法专心致志。想想你上学的时候，老师有多讨厌你转笔的行为吧，或者你也可以试一试，让朋友来转笔，你自己感受一下对方这样做，对你们的交流产生了什么样的影响。因此，尽可能不要让自己做太多小动作，放松一些最好。

第二节
凸显个人特质与能力

请回答一个问题：你是"小透明"吗？

或许有些人不理解"小透明"的定义，通俗点说，就是指在公开场合存在感很弱的人。我身边有一个朋友，几乎称得上是小透明的范本。

小南是一家公司的职员，总是默默无闻的她在又一次被人事忽略，没拿到公司每日发的水果之后找到了我，和我详述了她的经历。小南从小就是一个比较文静的女孩子，虽然并不内向，但也说不上外向爱交际。她从不惹事，从不吵架，也从没争过什么。班级内部的活动，不论是班委选举还是运动比赛，她基本都不参加；班级外部的事情，不论是校内演讲还是辩论比赛，她也都不会参与。她的成长经历可以说是非常安稳的。直到高中毕业时，发生了一件让她至今都耿耿于怀的事情。高中毕业前夕，全班同学一起去拍合照，小南因为肚子疼，在厕所待了好久。等她出来的时候才发现，班级里的同学都不见了，所有人都拍合照去了，除了她自己。最让她难过的是，没人注意到她没参加。她看着大家都拍完了，也实在没有勇气说出自己还没照。甚至大合照发到每个人手上之后，她身边的朋友也都没意识到她不在上面。

这是小南第一次意识到自己的存在感很低，她开始有意识地探寻自己在生活中的存在感。同学聚会的邀请都是群发的，所以她能够收到，但如果是单独发，她收到的概率就很小，十次中只能收到三四次。一同参加过高考的同学，有的竟然记不起她的名字。她非常喜欢去一家小饭馆吃饭，去过十几次之后，老板还是不知道她是"熟客"。毕业之后，和她同期应聘到公司的新人已经与老员工打成一片，而她依旧是一个默默无闻的"新人"。小南很苦恼，她觉得自己仿佛不存在一样，没人知道她，也没人在乎她，这让她对自己的否定也日益加深，原本并不内向的她越发显得孤僻，不喜欢和别人交流。

小南的问题其实很常见，很多朋友都遇到过这样的问题，并且很多人是从学生时代就已经发现了自己存在这个问题。最开始，他们认为自己没能成为学校内部叱咤风云的人物，没能成为尖子生，所以才会被忽略。但事实上，被忽略的原因并不在于此。被忽略的根源在于，你没能展现自己，你自己模糊掉了自己的存在。回忆一下，你是不是从来都不主动发言？是不是很少参加集体活动？是不是很少在他人面前发言，也不参与讨论？你有没有想过，这样的你，参加活动一点都不积极，别人怎么会对你印象深刻，你又怎么可能获得存在感呢？而且，在交往过程中充当小透明的人很难拥有乐趣，因为他们根本没有参与，也没有真正进入话题或者活动中，全程游离在外，仿佛一个观众。就算成了观众，主角和剧情也不是自己能挑选的，他们只能被动接受。所以，很多人因此对社交活动产生抵触心理，觉得社交活动无聊又浪费时间，殊不知，产生这种心理的真正原因在于他们自己并未放开自己的思维和行动，没有真正参与社交活动。关系是通过互动建立的，但基础条件是你要让别人知道你的存在。没有存在感的人，就无法给人留下印象，连印象都没有，后期的交往又从何谈起呢？

因此，强化个人特质，凸显个人能力，是我们必须要解决的问题。这其实就相当于建立属于我们自己的品牌的过程，把个人作为一个品牌进行分析，考量个人特色、定位、方向等因素。我们可以尝试以下几种方法：

1. 修饰外在

外表是每个人第一眼就能看见的东西，也是我们第一印象的来源。作为一个很基础的要求，它也是很多从业多年的人都会忽略的关键点。

着装上面，最容易犯错的就是刚毕业的大学生。他们还未脱离大学校园宽松的环境，穿着普遍休闲有余，得体不足。在职场上，这样的着装可能就不太合适了。举一个极端一点的例子，我的一位做人事管理的朋友曾经说过，有些男生夏天参加面试，穿着凉拖鞋和沙滩裤就来了，让他觉得这些人非常不尊重公司。这在我们人际交往的过程中也同样适用，得体的穿着会让你身边的人认为你更加可靠，更加值得信赖。因此，我们需要根据场合和见面的对象选择合适的着装。要注意，这并不是要求男士每天穿西装、打领带，头发上抹发蜡；女士一定要穿套装、踩高跟鞋。而是让我们因时因地，自行选择合适的服装。专业场合的会见，一定要尽量体现出自己的专业性；私人场合的会面，如何着装则取决于具体的见面地点以及你和对方的亲密程度。若是见面的人与你关系不错，那么偏向日常的着装会让对方发现你的另一面，拉近彼此的距离。当然，在自己的衣柜里备上一两套正装也是有必要的，以便应对任何突发情况。如果不清楚具体的着装要求，可以去询问你的伙伴或者搭档，或是其他了解情况的人。

2. 提升内在

在给对方留下良好的第一印象之后，我们需要向对方展示自己的内在，而内在和我们的日常积累是分不开的。能够体现我们内在的，首先就是我们个人的知识储备，具体到工作中，则主要体现在个人的专业知识上。我们日常生活中的知识涵盖范围比较广，包括对于文化、历史、新闻等信息的了解，以及基于个人知识、逻辑产生的思考。在工作中，我们的知识主要是指我们对于自己所从事的行业的理解和认识，以及对于其中规则的了解和运用。比方说，刚入行的你和入行几年之后的你，知识储备必然是截然不同的状态。除去对行业基础知识的了解，入行几年的你应该对行业的变化、行业的前景都有自己的判断，如果现在让你和一个同样在该行业工作三年以上的人建立关系，你们的话题必然会具有一定的深度，如果你哑口无言，或者压根就没有观点，那么对方自然会认为你对工作并不上心，对自己的未来缺乏规划，你的个人事业发展前景也必然不被看好。

反过来，若是别人来和你攀谈，却无法系统而清晰地说明问题，对需要探讨的话题一知半解，你也很难认可对方。因此，在坚持学习、扩大知识面并勤于思考的同时，我们需要仔细整理自己的知识储备。你可以按照领域、类型等细化你的知识，这样，当你面对那些和你处于不同领域的人的时候，你会更容易明白对方的意思，也能更好地融入对方的话题之中。

要注意的是，在我们参与不是十分了解的话题时，最好保持谦逊，不要过快地下结论，这样可以给我们留下更多的余地，避免因为个人认识不足或偏见而给他人留下不好的印象。

3. 言行合一

在话说出口之前，对自己所说的话要仔细思考，避免因为言语中的歧义引起不必要的误会。同时，你的行为和言语应当保持一致，要小聪明是要不得的，没有人是什么都不想、不思考的，每个人都会有自己的判断，你的小聪明会影响对方对你的印象。

　　因此，要想做到言行合一，除了要注意言语和行为适度搭配的原则之外，我们还可以采取视觉化的策略，加深他人对自己的行为和所讲述的内容的印象。比方说在自己要说到关键点的时候，适当地强调一下，类似"重要的是……""关键问题是……""总结来说……"，同时配合内容调整自己的表情和肢体语言，表现出你对自己所阐述内容的认真态度。这样不仅方便对方迅速理解你想要表达的重点，节省沟通时间，也能突显你的专业态度，让你更加自信、从容。

　　要注意的是，言行合一不仅仅体现在面对面的交流中，还需要我们长期进行维护。最简单的例子就是日常交往中，我们会遇到同事、领导、朋友、客户等诸多人士的不同要求，很多人在答应对方之后，就仿佛什么事情都没发生过一样，将所有的承诺抛之脑后。我的一位前同事的行事方式就一直如此，他在和客户沟通的前期总是非常热情，承诺得特别好，永远会说"有问题就找我"。但事实上，一旦设计交稿，对方再打来电话，不论是询问后期进度还是询问费用支付，他永远不接。明明都是正常按照流程进行的事情，他却懒得回应，以至于客户打电话到公司前台，转接过来之后，还要别的同事替他接电话，说他不在。很多客户因此都拒绝和他合作，甚至只接公司其他人的单子，找借口避开他。反馈和承诺是很重要的，它们是你言行合一的基础，也是人与人之间建立长久合作的基础。比方说，领导交代的任务，或许你没有立刻取得成果，但一定要记得及时反馈重要信息，这不仅能证明你一直关注着这件事情，也能让领导了解事情的进展，及时给出指导意见。对客户的承诺也是如此，如果做不到，那就绝对不要答应，你可以尽力完成，但这和保证完成是不一样的。对于不同的承诺，客户的期待值也不同，因此言语上一定要注意。如果最后没能做到，会直接导致你在客户那里的信任值大幅度下降，合作自然不能长久。因此，别人向你寻求帮助的时候，如果你确实挪不开时间，那么可以给对方一个期限，在期限内给予反馈，而非无限期地拖延下去。

4. 注意沟通细节

这里的沟通细节不仅是指面对面的交流，还包括邮件、电话等其他形式的交流。面对面交流的细节包含我们上面提到的外在形象和言行合一，也包括我们对他人习惯的尊重。比方说，有些人不喜欢距离太近，有些人不喜欢喝酒，有些人讨厌烟味，有些人不喜欢香水味等，我们需要注意这些细节和自己的行为，让彼此相处得更自在，也能体现出我们对对方的重视和尊重。

在工作中使用邮件时，最好按照邮件发送的标准格式，从字体到对对方的称呼，都尽可能完善，内容最好言简意赅，并在主题栏标明该邮件的主要目的。同时，可以在邮件中加上带有公司信息的个人标签，加深对方的印象。

在电话沟通时，需要注意用词得体，说话清晰流利。我有一位朋友十分受欢迎，他在说自己被大家认可的原因时提到过一点，他在与人打电话时一般都不是先挂断电话的那个人，而是让对方先挂断电话。对他而言，这个方式曾经成功地帮他得到了一个内部消息，对方原本犹豫是否要告知他，但在挂断电话前的那几秒钟的停留中，对方最终决定说出那个他十分想要知道的信息。这种给自己和对方都留下余地的方式，为他的事业提供了很大助力。因此，我们需要注意电话交流和沟通时的细节，进而建立更有效的沟通。

第三节
开启有效的沟通

　　有效的沟通是指什么呢？按照大众观点来说，沟通是一个传递和反馈思想与感情的过程，它存在于人与人之间，也存在于人与群体之间。传统意义上的沟通一般是指面对面的沟通，而在现代社会中，人们的交流方式变得越来越多样化。从计算机、互联网的发明和普及，到智能手机成为生活必备品，人们的交流依赖的不仅仅是语言，还包括更多其他的方式。

　　虽然交流方式增加了，但交流并没有因此而变得更加简单和容易。在现代社会中，我们每天通过各种不同的渠道接收到的信息非常多，作为信息过载时代的一分子，我们开始对沟通、对外界、对他人越来越提不起兴趣。人们每天浏览数十条、数百条信息，却只有很少的信息能够让你有印象，能记住的内容也寥寥无几。

　　小智是一个刚毕业的大学生，作为一名标准的 90 后，他是现代社交方式的忠实拥护者。在他的朋友圈，每天更新的信息至少有上百条，作为一个拥有众多好友的社交达人，他的微信好友数量一直维持在 400 人以上。我曾经问过他："你能把朋友圈的信息全部看完吗？"他给我的回答是，他只是快速地浏览。在他看来，朋友圈的大多数信息都没什么意义。父母一般会发养生的文章；朋友一般是发今天吃了什么，昨天买了什么，前天参加了哪些聚会的消息；同事都是在晒自己努力上班的证明……但这些，其实都没什么用处。虽然偶尔也有业内的最新消息，但基本上都淹没在了上述的信息之中。我们看到，这些人与他是有一定关联性的，但他们的信息繁杂，价值和重点都不突出，最后自然成为无意识地被忽略的信息。

　　那么，问题究竟出在哪里呢？

　　首先，大多数信息都毫无营养，脱离现实生活，脱离每个个体的生活。我们每天或主动或被动地接受着外界给我们的信息，但大多数信息其实都没有什么价值。举个简单的例子，很多人都是微博用户，你会在微博上看到小猫喝水的视频，或者小动物卖萌的照片，但一般都是看过就算了，它们和你的现实生活没有关系。虽然你可能会觉得有趣，或者感受到一点快乐，但这不会引起你持续的关注，甚至会因为离你的生活太远，还不如你上班时在马路边偶然遇到的小动物。沟通的过程也是传递信息的过程，当你的信息本身毫无价值，无法引起他人的兴趣时，沟通必然很难进行。其次，重点模糊。人们传达的很多信息都十分纷杂，根本没有逻辑和条理，那么接收信息的人自然也很难找到重点，也不知道你沟通的目的和你的期望，自然会感到厌烦。最后，表达过于夸张。很多信息喜欢用夸张的表述方式，或者是夺人眼球的标题，与之匹配的则是不负责任的推测和毫无乐趣的内容，这只会让接收信息的人产生反感。在语言交流的过程中，过于夸张的表达或许有一定的吸引注意力的效果，但若是信息本身不具备相应的内容，那么就很容易让人觉得你哗众取宠，给别人留下不好的印象。

有效的沟通到底是什么样子的呢？我们或许可以从下面的例子中学习一二。

小曼在大学学的是与美术相关的专业，毕业后进入了一家大型连锁公司，专门负责公司网页和活动海报的设计工作。小曼性格开朗，说话温柔，工作没几个月，就和同事、领导都建立起了良好的关系。在原本的职业规划中，她希望自己能努力赚钱，在设计这条道路上走下去。然而，工作了

　　几个月之后，她的想法完全改变了。她发现自己没办法从现有的工作中得到快乐，也没有丝毫的成就感，但这并没有影响她在本职工作上的尽职尽责。因为职务需要，她和销售部门的联系非常多。在设计沟通时，她的稳重和认真给销售总监留下了非常好的印象。小曼也逐渐了解了销售部门的主要工作，她发现自己对销售很感兴趣，并且销售的高工资让她十分羡慕。在思考了几个月之后，她和销售总监的沟通越来越多，小曼很敬佩销售总监的能力，也感激销售总监帮助她了解销售工作。销售总监也欣赏小曼的敬业和努力，以及小曼对自己清晰的认识和规划。在双方都确认了意向之后，小曼申请了内部调岗，成功加入了销售总监的团队。这个职业转换成功地改写了小曼的人生，她现在已经就职于另一家业内知名企业，并担任该公司的销售总监。在工作的过程中，她越来越热爱自己的职业，并且希望在未来取得更好的成绩。

　　小曼曾经问过当时接收她的销售总监，为什么会选择她。毕竟，在他们公司的所有部门中，销售部算是重中之重，也是所有人都想要进去的部门。那位销售总监告诉她，除了她的个人品质很不错之外，还曾经发生过一件事，正是那件事证明了小曼的潜能，也让销售总监坚定了自己的判断。

那是小曼加入公司六个月之后，公司决定和其他公司联合搞一次活动，这个活动虽然算不上公司的重点项目，但因为合作范围比较广，所以沟通起来一直非常耗费时间。前一天，小曼按照要求制作了活动海报，在公司内部和合作方都确认的情况下定了稿，原本以为没有什么问题的时候，合作方却突然打来电话，强烈要求修改海报和相关资料。公司内部负责对接的同事非常生气，因为对方提出的修改要求非常抽象，诸如"颜色文气一点""效果显眼一点""设计感强一点"等，不仅让人摸不着头脑，很多要求还自相矛盾。小曼连续改了几次都没能获得认可，眼看发出活动海报的截止时间就要到了，小曼只好在同事的帮助下，直接和对方通了电话。虽然连续改动多次已经十分烦躁，但小曼却语气平和，全程保持着冷静的态度，在有礼貌地称呼对方后，简洁明了地说明现在的设计图的特点和思路，以及结合修改意见做出的具体调整，随后详细询问对方的要求，并且在对方提出要求之后，给出了相应的调整方案。整个谈话过程十分高效，在结尾她委婉地夸赞了合作方的严谨，还表明了我方的合作诚意以及积极配合的态度。电话时间不超过 30 分钟，而在通完电话 1 个小时之后，海报和相关资料终于敲定了，可以说非常迅速。合作方的对接人还打来电话表示歉意和感谢。这次通话充分证明了小曼在沟通方面的卓越能力，她不仅能够迅速地说明情况和问题，还能直接给出解决方案。销售总监在了解这件事情以后，很快便下定决心将她招入麾下。总监相信，凭借她的个人能力，她绝对能在销售这个行业中取得傲人的成绩。

小曼的经历是有效沟通最好的明证，好的沟通不仅能够帮助她完成现有工作，还能帮助她获得潜在的机会，被更多的人认可。在小曼的故事中，我们看到小曼在沟通上采取了一些非常好的方式，比如有礼貌、讲话时重点突出，结合当时的情况做出细致的调整，并且不是被动接受所有不合理的要求，而是用更加婉转的方式表达出来，让对方思考。

因此，结合上面提到的两个例子，我们可以确定，有效的沟通既需要我们避开失败例子中出现的问题，又需要我们吸取成功例子中的智慧。总而言之，想要有效沟通，我们可以遵循以下几个原则：

1. 沟通内容要有趣，更要与对方有关系

内容的有趣是引起对方的兴趣的基础，一个令他人感到枯燥乏味的内容，自然不可能开启你们的话题。因此，在和

对方交谈之前，你需要思考他想要知道什么，希望谈论什么，了解他的目的，才能有针对性地进行沟通，让谈论的内容真正和他相关。

2. 语言简练，避免说话重复

说话最好言简意赅。若是闲暇时交流，这一点并非强制，但若是工作事务上的交流，那么这一点非常重要。这里的"说话重复"，是指我们在讲话时不自觉地重复自己上一句话，或总是把含义相同的话用不同的方式说好几遍，再或者是多次使用转折词。说话重复会让他人模糊重点，也会让他人认为你所说的内容毫无意义，并逐渐丧失兴趣。

3. 用词具体直白，不要过于抽象

用词直白不代表用词粗鲁，我们需要选择委婉的或者中性的词汇来表达自己的意愿，过于抽象的语言很难让他人产生实际的联想，并且联想到的事情也会因人而异，造成信息传达上的失误。

4. 善于总结或者概括，让对方明白你的意思

对说过的话，或者将要说的话进行适当的总结，能够帮助他人迅速掌握你的中心思想，从而使得交流更加顺畅，节省沟通时间。同时，也可以避免对方因注意力不集中遗漏重点信息，避免双方尴尬。

5. 注意说话氛围，夸张要适度

夸张这个手法我们在使用的时候要慎重，最好确认好场合和他人的状态。适度夸张可以帮助我们吸引他人的注意力，活跃气氛，但过度夸张容易给人留下为人浮夸、头脑简单的印象。

6. 保持良性互动

在交流过程中，适当询问对方的意见，不要自己一直讲下去，而是要引出话题，让双方一起交流。可以采用提问的方式，不断引导对方表达自己的意见，建立良性的互动。

第四节
提升自己的亲和力

亲和力是什么呢？

亲和力是指人与人在相互沟通的时候，释放出来的使人亲近的情感力量。亲和力越强的人，越容易被人信任，也越容易结交朋友。我们举个例子，看看亲和力强的人到底有哪些好处。

阿宁是一位心理咨询师，也是我见过亲和力最强的人。阿宁中等身高，眉眼平和，在我认识的咨询师之中，她总是能够快速取得咨询者的信任，也因此她的工作总是十分高效。一次，我们谈起亲和力这件事，阿宁分享了她的经历。

小的时候，阿宁一直没有意识到自己的亲和力很强，她只是觉得，自己比较受朋友们的欢迎。从上小学开始，她就一直是家长口中的别人家的孩子，虽然学习只算是中上等，但她有礼貌，性格平和，还总是笑呵呵的。邻居家的奶奶看见她，总会主动拿零食给她吃；同学有什么新消息，也愿意和她分享。后来上了大学开始学习心理学，她慢慢意识到自己是属于亲和力强的那一类人。因此，她有意识地开始强化自己的能力，提升自己的亲和力，这不仅让她交到了更多的朋友，也让她在工作上越来越顺利。

对阿宁来说，她的亲和力源于天生，但也有后天的训练和提升。从旁观者的角度来看，阿宁的亲和力更像是一种综合气质。这不仅仅源于她的日常习惯，比方说保持微笑、态度温和、言辞温柔，也源于她对自我行为的控制。她的穿着以简单大方为主；遇到熟人或者陌生人都会先露出微笑，笑容自然亲切；说话时会有意识地放慢速度，尽可能清晰地传达内容，从不会过分拖沓；在论述或者下判断的时候，逻辑性很强，能够有理有据地说服他人。在日常生活中，她的爱好十分广泛，喜欢读书，也喜欢和他人沟通，对自己不了解的东西保持着一定的好奇心，也愿意尝试和挑战不熟悉的东西。

我身边很多人在提升亲和力上都有很大潜力，但自己却没有意识到，也没有善加利用这个长处。王琪是一家连锁超市销售部的组长，她在进行个人职业规划的时候，空出了"列出自己的优势"一栏，在她看来，自己就是认真工作，性格上有些急躁，没什么优势。但事实上，她忽略了自己最大的优势——亲和力。王琪大学毕业就进入了一家公司做财务，认真严谨的她工作还算顺利，没几年就结了婚。在有了孩子之后，王琪便辞了职，专心照看家庭，直到孩子上了小学。几年的断档期让她在找工作时遇到了一些困难，但最终，她还是成功入职了一家连锁超市，开始了全新的职员生涯。在入职初期，王琪一直认真学习，对工作尽职尽责，在主动完成任务和敢于承担责任的工作过程中，被公司领导认可，成功升职为组长。仔细探索她的经历和日常生活之后，你会发现，她和部门内几乎所有人关系都不错，大家喜欢向她寻求帮助，也愿意帮助她完成各项工作安排。因此，在升职的过程中，她几乎没遇到什么阻碍。同时，对自我的严格要求和对组员的关切帮助，让她的团队凝聚力很强，组内成员关系和谐稳定，为她工作的完成提供了强大的助力。在对她身边的同事做了问卷调查之后，王琪自己都很惊讶调查的结果，她没想到自己给同事们留下的最深印象是勤快、可靠、乐于助人。同事不仅认可她的工作，对她个人的品性也十分信任，愿意和她分享更多的事情。有些甚至在见到她第一面之后就很喜欢她，想要和她建立朋友关系。王琪从没想过自己在身边的同事眼中是这样的形象，在看到调查结果后她才意识到自己是受大家欢迎的一个人，也对自己的亲和力有了一定的认识。回想自己的成长经历，她认为她的亲和力并非天生，而是家庭培养的结果。在她看来，她的性格天生就比较急，耐心不足，但从小父母就对她要求严格，她几乎没有因为个人情绪或者性格问题而粗暴、不理智地行事过。总而言之，她的亲和力是源于后天的养成。

因此，除去天生就有亲和力的人之外，很多人的亲和力都是逐渐养成的。要知道，所有人都可以通过训练提升自己的亲和力，成为和阿宁、王琪一样亲和力很强的人。下面总结了提升亲和力的几个方法，大家可以在日常生活中多多练习，让亲和力成为我们的最佳助力。

1. 主动微笑和问候

很多人总是等待他人先抛出"橄榄枝"才肯微笑和问候对方，这种被动等待是不可能显示出你的亲和力的。想象一下，你和同事或者陌生人见面的时候，一个面无表情的人只会给你留下不好相处的印象。而主动打招呼，诸如说句"你好""幸会""初次见面，见到你很高兴""好久不见"之类的话，虽然简单，但却创造了你和他人沟通的一个契机，而这也是开启话题的第一步。同时，你主动展现出你的友好和自信，能给他人留下一个友善的印象。

2. 引出话题，听比说更重要

每个人都有倾诉的欲望，而好的谈话者或者亲和力强的人往往是那个倾听的人。请记住，听比说更重要，也更容易缩短和别人的距离。我们可以适当地引出话题，并且认真地聆听对方的话，成为对方的"树洞"。在这个过程中，你不仅能够加深对对方的了解，还能让对方感受到你的尊重和善意，拉近彼此的距离。同时还要注意，在倾听的过程中，最好适当给予对方回应，引导对方继续说下去。

3. 拉近关系，增加互动

亲和力不单单是指他人对你的好印象，还包括双方情感上的接近。想要拥有真正的亲和力，你和对方的距离必须要缩短。只有距离缩短了，双方的交流才会更加亲近、自然，为日后相处做一个良好的铺垫，真正走入对方的交际圈。想要拉近关系，在初步尝试的时候，最好记住对方的名字和喜好，一个名字都记错的人，是无法让人产生进一步接触的愿望的。然后，我们需要在重要的日子问候一下对方，或者时不时地联系一下，清楚对方的近况，这种互动能够加强相互的了解，也能在互动中增进双方感情。要清楚，互动的频率越高，互动双方的关系越近，久而久之，自然会越来越交心。这很好理解，长时间不联系的人，彼此之间的共同话题必然很少，对彼此现在的生活也不甚了解，不明白对方想要谈论的话题，关系自然逐渐疏远。但需要注意的是，我们在拉近关系的过程中需要留心自己行为的分寸，避免过于急躁的行事风格，要在给予对方自由度和安全感的基础上，缩短彼此的距离。

4. 不卑不亢，坦诚相对

亲和力不代表一味忍让。真正有亲和力的人，是尊重自己也尊重他人的人，也是意见或思想有见地和价值的人。在交流的过程中，观点一致或者话题不敏感自然是好的，谈话双方容易通过平和的交流取得共鸣，也容易因为相同的观念、爱好建立感情上的同盟关系。但是，我们有时也会遇到意见不合的情况，首先，完美的准备是不存在的，一味地人云亦云、忍让对方只会让别人认为你没有自己的想法和观点，不够自信和成熟。因此，无须为意见不合而感到紧张，冷静一些，这正是展现你亲和力的好机会。

若是话题走向不对或者讨论方向跑题的时候，我们可以适时地提醒对方。若是观念不一致，我们依旧可以阐述自己的观点，但要理智地表明看法。下面列出几个常用句式给大家做一个参考："您说的有些道理，但我想说的是……""感谢您的分享，我想要补充……""在这个问题上，我有一点儿想法，想和大家分享一下……"同时要注意，在一个问题上，我们最好不要随意变换自己的答案，否则会给别人留下你的看法不够专业或者人云亦云的印象。

5.选对称呼，真诚是王道

称呼是我们交流时不甚起眼的一个环节，却也是重中之重的一个环节。好的称呼是我们增加和他人亲密度的基础，也是我们对他人礼貌和尊重的明证之一。比方说，在面对年纪比较大的人时，除了以职务为依据的称谓，如"王总""孙总监"等外，还需要注意在交流时"您"字的使用。若是和同辈且同级的人交流，则可以在关系比较亲近之后，直接称呼对方的名字，不加姓，显示双方关系的密切性。同时，在交流过程中，可以使用团体性质的称呼，建立己方的同盟，如"我们""你们""咱们部门"等，强调身边人和自己的伙伴关系，让双方产生同盟意识，增强团队精神。

在选择正确的称呼后，我们需要用真诚的态度赢得他人的好感，毕竟，礼貌或亲密的称呼过后，需要一个好的态度作为支撑，让对方感受到自己的诚心，让亲密度逐渐增加。

6. 好话说对，适度幽默

好听的话没人不爱听，适当的夸奖绝对是拉近彼此关系的利器。但是，好的夸奖也是需要练习的，你需要去探索、发现对方的优点和长处，并给予适合的、与之相匹配的夸赞，让对方真正感受到你的欣赏。但要注意，刻意的夸奖是不可取的，每个人的特点和优点都不同，刻板套路的夸奖词很可能会产生相反的效果，若是表情和语气没有配合好，甚至会让被夸奖的人觉得你是在讽刺他。

如果说夸奖让对方开心，那么幽默就是气氛调节器了。适度的幽默可以让彼此相处得更加自然，也会让他人放松下来，彼此之间更易亲近。而且，合理运用幽默这个手段，

会加深他人对你的印象，消除交流过程中可能产生的尴尬和
紧张。

第五节
关系之外的关系

关系到底是什么呢？

关系是指人与人之间，人与事物之间，事物与事物之间的相互联系。人是一切社会关系的总和，关系构成了人们正常的日常生活的根本，没有人能够完全脱离关系而生活。有些关系是人从出生就注定的，如亲子关系、血缘关系，也有些关系是后天发展而来的，如同学关系、同事关系。关系将我们和他人划分开，也架构了我们的独特性，最重要的是，它是我们的存在感的根源。

第一章提过的"六度分离理论"，就是建立在我们的关系之上的。六度分离理论利用了关系的可延展性，让交际随着关系的递进而扩散，扩大人际交往的范围。关系的递进，是我们建立属于自己的人际网络的基础。

小远是一家公司的业务经理，在公司工作已经三年的他称得上是部门的业务骨干。然而，原本前途光明的他，最近却因为公司业务重组而面临职业生涯的危机。在整个行业都表现不佳的情况下，准备换工作的他烦恼不已。在和好友透露了自己的跳槽意图之后，一份意想不到的邀约出现在他面前。这份邀约来自一位前同事，对方在公司工作过半年的时间，小远和他关系不错，虽然算不上是至交好友，但也算是谈得来的朋友。前同事的朋友现在正就职于一家行业内顶尖的公司，不久之前刚好在朋友圈分享了招聘信息。在听闻小远的打算之后，前同事立刻联系了自己的朋友，朋友又联系了自己所在公司的人事总监，得知公司仍然有招聘业务经理的意向之后，辗转通知了小远这个消息，还直接通过内部推荐帮助小远获得了面试的机会。

对小远而言，这次机会来得太及时了，他顺利地度过了职业转换期，并且得到了更好的发展机会。而促成这一切的，正是关系的递进效应。那么，关系的递进需要我们做些什么呢？怎样才能让关系的递进正常进行且没有阻碍呢？

答案是，真正认识身边的每一个朋友。

说到真正认识，很多人可能不太理解这是什么意思，在大多数人看来，交朋友是再简单不过的事情，自己当然是了解对方的，不然也不可能成为朋友。但人其实是很复杂的，我们对他人的看法很可能随着了解的深入而发生变化。想要真正认识一个人，我们需要多观察，多了解，对他的素质、修养、行事作风等方面有全面的认识。而这些，我们可以从日常生活之中看出一部分，同时，还可以通过这个人的朋友来了解这个人的其他方面。

比方说，一个人总是结交行为不规范或者言语出格的人，那么这个人在修养和品行上就很难让人信任，俗话说"物以类聚，人以群分"，这句话虽然不是绝对的，但在大多数情况下是适用的，以此类推，若是一个人虽然看上去并不起眼，但他的朋友却非常信任他，那么他或许在人品上十分值得信任。有的人虽然在公司内部十分冷静内敛，但如果他的朋友多是性格爽直、行事风格比较直接的人，那么这个人在日常生活中应该也是同样的类型，而对你的态度不同或许是因为你还没有真正进入他自己划定的"朋友圈"中。再者，有些人因为共同的爱好走到一起，那么我们也可以通过他身边的朋友的喜好，推断出他个人的喜好。

一个喜欢传播自己朋友的消息的人，有很大的可能也会将你的消息传递给别人；一个喜欢对你炫耀自己占了别人便宜的人，也会在任何可能的情况下占你的便宜；一个虚荣的、总是说自己或者自己的朋友和家人很厉害的人，内心会抗拒你在未来超过他；一个处事过于圆滑的"老好人"，在你和别人发生争执的时候，往往会选择明哲保身；一个告诉你别人在背后诋毁你的人，不一定是那个想要帮助你的人，还可能是在挑拨离间；一个愿意直接指出你错误的人，不一定就是想要让你没有面子，他可能是因为性格太过于直爽，你可以想想他指出的错误是否有道理；一个不孝顺父母的人，可能在感恩方面会有缺陷，而一个太过于孝顺的人，很可能缺乏自己的判断，没有能力掌控自己的生活；一个对婚姻和家庭不忠的人，可能不够坚定，缺少责任感。

上述例子只是一部分，在生活中我们可以看到更多的事例。重点是，我们需要用心去观察和思考，不要人云亦云，需要做出自己的判断。只有在了解我们的朋友之后，我们才可以更好地选择合适的方式和对方相处，建立良好的、有用的人际关系。比方说有些关系可以加深，有些关系只维持在表面就可以，有些关系则需要适当地改变，在全新的关系体系的帮助下，让关系能够通过这些人发展递进。

对朋友的本质有了认识和判断之后，我们可以确定和朋友之间一对一的关系是何种模式，是需要逐步加深还是需要果断放弃。那么，在成功确认我们的关系点——朋友之后，如何通过这些关系点传递我们的关系呢？方法很简单，我们需要先维护好我们的关系点。递进的关系不仅仅是让我们的朋友帮我们引荐、建立新的联系，更需要我们和取得联系的朋友建立稳定的、互利的关系。通过他们的帮助，让关系传递得更远。

那么，如何让我们的关系良性递进呢？下面给大家介绍一些维护关系的守则，帮助大家建立并维护人际关系。

1. 主动帮助，有舍才有得

很多人总会斤斤计较于自己的利益，或者是嫌麻烦不愿意帮助别人，但却没有意识到，社会交往的根本目的就是互帮互助，不论是物质上还是精神上，我们都需要付出和得到。只有和他人分享你的知识、资源，付出一定的时间和精力，用心解决问题，才可能证明自己和他人的价值，在互动中加深联系，扩大你的影响力的深度和广度。因为只有这样，在你需要帮助的时候，才能得到别人的帮助。帮助是一种投资，付出才有回报。

2. 主动求助，有先才有后

主动求助和主动帮助的重要性是相等的。大多数人只注意到帮助他人的好处，却忘了向他人寻求帮助一样可以为我们创造出机遇。在遇到困难的时候，向信得过的朋友寻求帮助，并不是一件"丢面子"的事情，你的求助给了别人和你接近的机会，也创造了双方互动的契机，更是你们关系亲密的明证。当然，朋友并不是一定要帮助你的，他们同样有理由拒绝，每个人都要做好被说"不"的准备。

3. 慷慨不代表予取予求，为自己和他人都划下限度

很多成功人士分享成功经验的时候，认为他们成功的关键在于慷慨。这句话当然没错，一个慷慨大方的人是受人欢迎的，也是人们愿意追随和信赖的，但我们在葆有慷慨大方的品质的同时，需要掌握好它的程度。大方，不等于予取予求，而是在一定限度内帮助他人。毫无底线的慷慨，反而会引起麻烦，他人也不会将你的帮助放在心上。所以，为自己和他人的慷慨划定限度，是长久维持关系的重要原则之一。

4. 明确心中所想，制定个人目标

只有清楚明确自己心中所想，我们才能有目的地规划我们的目标，制定出切实、有效的交际策略，打造属于自己的人际网络。第一步，明确自己的目标，你可以制定一个大目标，再从大目标中列出具体可行的小目标，如月目标、年目标等；第二步，列出能够帮助你实现目标的每个人；第三步，列出这些人和你的关系，定出计划结识的目标人物，维护好已经结交的朋友。

5. 提前搞好关系，好过临时抱佛脚

每个人心里都有自己的判断，想要获取帮助的时候才交朋友，就如临时抱佛脚，成功的概率必然很低。换个角度来想，我们自己也是一样，面对冒昧地请求帮助的人，既不熟悉也没情谊，是否给予帮助自然需要仔细考虑。在日常生活中，最好提前维护好和朋友的关系，他们都可能是你遇到困难时潜在的助力。只有维持好和朋友的关系，才能做到有备无患。毕竟，你永远也不知道，未来的哪一天你可能需要别人的帮助。

第六节
圈子之上的圈子

在词典中，圈子泛指环形的东西，也代表集体的范围或活动的范围。我们要说的圈子，是指根据不同的标准，对人群进行的分类划分。这里的标准不尽相同，哪怕是一类事物，也会有详细的划分。大众比较熟知的作家鲁迅，也有自己的朋友圈，他的朋友有许寿裳、台静农、曹聚仁等，他还是现代文学流派"语丝派"的成员之一。而诗人徐志摩则是"新月派"的代表人物，朋友有章士钊、梁启超等。

每个人都有自己的圈子，我们会不自觉地寻找和自己在某一点上相似的人。而圈子就是这样产生的，它可以帮助我们迅速找到志同道合的人，也可以帮助我们接触一个全新的环境。小陈的创业经历或许可以给我们一些思考。

小陈大学就读于计算机系，那时的他没什么特别的梦想，认为自己将来的工作肯定会和计算机相关。上学期间，喜欢打游戏的他经常参加各种游戏比赛。游戏里的好成绩虽然重要，但他一直没有过度沉迷。而且，和同学们不同，小陈不仅仅从游戏中收获了乐趣，还通过自己对游戏市场的了解，创办了一个在线的游戏平台，并获得了成功，随后成立了自己的公司。然而，随着时间的流逝，小陈在公司的发展方向上有了不同的看法，因而卖掉了公司。随后，小陈开始了自己的第二次创业，这一次，他策划了一个全新的项目，这个项目和游戏完全没有关系，只是源于他自己提前注意到的隐藏商机。他决定开拓全新的领域，期待自己再获成功。项目的启动需要资金，小陈自己的积蓄无力支撑，不得不四处寻找投资。这时候，他在创业圈结识的朋友帮助了他。原来，早在第一次创业的时候，小陈就开始慢慢接触他所在领域的投资人和创业者，并在他们的帮助下，成功地进入了投资范围更广的投资圈。这次创业寻找投资时，他便在这些朋友的帮助下，顺利和一位天使投资人见了面，双方在进行了详细的沟通后，投资人决定给他的项目投资。最终，项目成功启动，并迅速占领了市场。

小陈的成功首先来自他本身对市场的敏锐和把握，他的项目前景足够好，个人准备又十分充足。然而，即使再好的项目，也需要资金的支持，小陈在正需要资金的时候获得了投资，这直接帮助他抓住了时机，提前占领了市场，所以是他有针对性地进入的圈子帮助了他。

但圈子要怎么进入呢？它和关系不同，圈子是一类人的划分，这种划分其实是一种"门槛"，它将人们区分的同时，又让人们迅速找到自己的同类。圈子也分新旧，我们固有的圈子可以称为旧圈子，新加入的、不熟悉的圈子则可称为新圈子。新旧圈子不同，进入和维持的方法自然也不同。在新圈子方面，我们的重点是寻找目标中的新圈子，加入并迅速融入。那么，想要融入不同的新圈子，我们需要怎么做呢？

1. 打造自己的"军师团队"

每个朋友都有自己擅长的领域，有自己的资源和办事方法。而每一个能够帮助你解决问题的朋友，都是你的"军师"，他们是你开拓新的领域，挖掘现有领域的最好的"智囊团"。同时，你的"军师团队"不只局限于自己的朋友，很多愿意帮助你的有识之士，都是你"智囊团"的一部分。一位研究生分享自己考研成功的经历时称，自己很幸运地结识了一位网上的朋友。两人都是一个研究生论坛的资深用户，在沟通考研试题时慢慢建立了联系。这位朋友不仅帮他联系了现在的导师，还帮他搜集到了很多考试资料。

2. 分门别类，构建你的档案库

把每个结识的人按照特点分类，将自己的人际关系划分成不同圈子。这样分类的好处是，你在遇到需要别人帮助才能解决的问题的时候，能够在第一时间找到目标人物，最快确定方向。同时，这也便于你建立属于自己的圈子，圈子中的朋友不仅可以相互结识，还可以因此引入更多的人，让他们成为你的圈子中的一员，你也可以通过他们成为别的圈子中的一员。

3. 尊重每一个人，为未来做准备

不论你遇到的人的职位是什么，尊重每一个人不仅会体现出你的良好修养，也会为你带来隐形机遇。很多人忽略的前台员工，很容易就能将对你的评价传到其他部门，传到不同的圈子，而你的好口碑也可以通过相似的方式传播出去。因此，尊重每一个人是非常重要的。香港的一部电影里就有类似的情节。几个人一同参加面试，测试内容是穿珠子，限定时间为一个小时。在测试过程中，一位进入面试房间打扫的大叔突发心脏病倒在地上，其他人都在忙于穿珠子，只有一个人放弃了测试，准备将老人送去医院。公司最后录取的就是这个人。

4. 保持一定的活跃度，建立存在感

你需要在自己的社交网络保持一定的活跃度，绝对不要消失。消失是让人们忘记你的最快方式，也是让人们猜测你的最直接的原因，很多时候，这种猜测都不会往好的方向上发展。在分享个人状态和工作的过程时，你身边的人会了解你的状态，为你们日后保持联络提供基础。同时，关注那些重要的、暂时失联的人，主动问候、关心对方，占据主动才能保证联系。

5. 坚持真实的自己，分享你的热情

想要拓展圈子，必须要让别人对你产生印象，一个没有给别人留下印象的人是无法得到进一步的帮助的。因此，让自己与众不同是你必须做到的，而真实地展现自己是你展现自己独特性的基础，同时，分享能够让你的独特性更具

魅力，因为分享能够将你的兴趣、你的知识体系、你的个人逻辑一一传达给别人，让你的个人形象更全面、更有趣、更具感染力，也会让你身边的朋友愿意将你引荐进入其他的圈子。

6. 用共同点拉近距离

每个圈子里的人都会有他们的共同点，除去内在的交流和沟通，我们也可以通过外在事物进行补充，给别人一种你们有很多相似之处的感觉。这种补充包括但不限于衣物、配饰、书籍、音乐等。这些东西不仅能让你第一时间被划归到某个圈子里，也可以让你快速找到可以沟通的话题。

随着人际关系网络的发展，我们结识的新朋友越来越多，很多人都开始在新朋友身上花费大量时间和精力，也自然地忽略了曾经的朋友。每个人的时间都是有限的，要在结交新朋友上花费时间，必然需要我们将和老朋友相聚的时间缩短，但需要警醒的是，旧友的价值可能远比我们想象中的重要得多。

不知道大家有没有听过这样一个故事？小王的父亲是一位富豪，他努力工作，勤勉宽厚，是远近闻名的大好人。和父亲似乎截然相反，小王不仅不努力工作，还结交了一群乱七八糟的朋友，整日无所事事。一天，小王的父亲将他叫到跟前，告诉他自己即将破产，小王即将一无所有，连下顿饭都要吃不起了。此时的小王终于惶恐起来，他赶紧给自己的朋友打电话，但对方一听见他家的情况，都离得远远的，生怕被他连累。小王的父亲这时让小王给自己的两个朋友打电话，一位是结识不久父亲刚刚帮助过的合作伙伴，另一位是相识已久曾经帮助过小王父亲的旧交。小王分别给两人打了电话。他原本以为，被父亲帮助过的人一定会给他提供帮助，结果却被拒绝了；而那位曾经帮助过父亲的旧友，却选择帮助他。

在这个故事中，决定小王获得帮助的因素有两点，首先，愿意帮助小王的人曾经帮助过小王的父亲，双方有建立过帮助的事实基础；其次，作为小王父亲的旧友，他和小王的父亲有一定的感情基础，尤其是在面对小王这样的后辈时，会希望能够关照对方。很多人认为这个故事表达了一个观点，你帮助过的人不一定会帮助你，而帮助过你的人会再次帮助你。这个观点，很大程度上也印证着老朋友的价值。那些长时间结交的朋友，会和我们产生更多物质和精神上的互动，和新朋友相比，互相帮助的基础更加牢固。

阿辉独自到北京工作已经四年多了，作为一名北漂，他最怕的不是房贷、车贷，而是生病。刚来的几年，阿辉身体健康，很少有生病的时候，空闲时间还时不时地跑跑步。随着工作越来越忙，他的运动时间越来越少了，总是加班的他也感觉到自己的身体越来越差，但并没有放在心上，以为不会有严重的情况发生。然而，一天上班时，他忽然感到眩晕，不得不去医院检查。躺在医院急诊室的他想来想去，竟没有一个人可以陪伴他。同事都要上班，朋友各有各的工作和家庭，他不好意思麻烦他们。些许落寞的他在个人社交账号上发了一条隐晦的消息，结果晚上刚做完检查，多年未曾联系的大学同学就打来了电话，并且很快赶来到医院看望他。原来，大学同学从大学校友群里得知了他的消息，同学们商量过后不放心他一个人在医院，特地排了班，每天会有不同的同学抽时间来陪他。阿辉不禁回忆起曾经和同学们一同念书的日子，那个时候大家互相帮助，没想到在他遇到困难的时候，同学们又都出现了。其实，阿辉的同事和工作后交的朋友并不是不可靠，但与少年时期结交的朋友相比，更多了一分情谊。旧友不需要我们花费时间去建立联系，而是需要我们在已经建立联系的基础上保持并加深联系。

因此，想要维持旧朋友和旧圈子，我们需要做到以下几

个方面：首先，保持联系，善用真心。旧朋友和旧圈子最大
的优点是我们对他们的了解程度比较高，已经度过了相对无
言和彼此尴尬的阶段，因此，定期联系和真心关注显得格外
重要。要知道，每个人每时每刻都会发生些微的变化，一旦
缺乏沟通，感情就会慢慢变淡。其次，为旧圈子注入活力，
敢于发言。旧圈子在经历一段时间的发展后，会慢慢进入稳
定状态，只有敢于发言、敢于行动，为圈子注入属于自己的
活力，才能让自己在圈子中被逐渐重视，避免慢慢沦落到边
缘的位置。

第七节
不可忽略的名人效应

　　名人效应，顾名思义，是指名人因个人名气、形象、价值等所引起的来自他人的注意或扩大影响的效应。在现实生活中，名人效应可以说是随处可见，电视媒体和日常生活中的广告就是最好的证明。其中由明星或名人做广告代言的产品，往往会通过该明星或名人本身的影响力而引起大范围的关注，还能够激发消费者的购买欲。造成名人效应的原因主要在于名人本身的影响力。人们日常就已经间接接触并且比较熟悉名人，生活中会不自觉地受其影响，并且，对名人本身的印象和看法，会直接拓展到和名人有关的方方面面。因而，当某一品牌或公司在制作广告时，选择了大众熟知的某位名人，那么该名人自然会引起大众的关注，并促使人们将该品牌和名人本身的特质相关联，或者促使人们把对该名人的喜爱、信任和模仿转移到品牌或者商品上，实现品牌和公司的盈利。众所周知的百事可乐就是最好的例子。

　　百事可乐隶属于百事饮料国际集团，作为一家享誉全球的跨国公司，百事集团在全球的年销售额高达几百亿美元。百事集团的成功，和它一直秉承的理念有很大关系。百事可乐的主打概念是"渴望无限"，其所代表的积极的、不断挑战自我的态度符合年轻人的期待。为了把百事可乐的概念和精神推广出去，百事集团一直根据潮流，选择邀请当下流行的明星作为品牌代言人，通过把品牌形象具体化，让新一代年轻人理解和接受百事可乐。历数百事可乐曾经的代言人，我们能够看到迈克尔·杰克逊、蔡依林、郭富城、郑秀文、贝克汉姆等众多国内外明星的名字，这些几乎可以作为见证社会潮流变化的历史资料。百事可乐的品牌内涵，在明星的知名度和潮流理念的影响下，不仅影响着年轻人对百事可乐的印象，同时也让百事可乐随着潮流不断创新，对几代人都产生了深远的影响。

　　可以说，在名人效应的帮助下，百事可乐迅速找准了自己的目标消费群体，并扩大了自己品牌在目标消费群体中的影响力和知名度，刺激消费者优先选择自己的产品。而英国首都伦敦的旅游部门，在宣传伦敦这个城市的时候，则将不同代言人的不同特质汇集在了一起。

伦敦旅游部门曾推出系列城市宣传片《伦敦故事》。从知名厨师戈登·拉姆齐到演员乔安娜·林莉，再到伦敦市市长鲍里斯·约翰逊，每个人都通过自己的影响力，赋予了这个宣传片不同的意义。具体来说，厨师戈登·拉姆齐在宣传片里称自己非常热爱伦敦的食物，认为伦敦的美食无处可比；演员乔安娜·林莉称自己已经在伦敦居住了四十五年，城市之中的花园和街道都非常漂亮，各种鲜花按季节竞相开放；伦敦市市长鲍里斯·约翰逊称伦敦拥有比其他欧洲城市更多的绿地，是一个犯罪率低、极受欢迎的伟大城市。

戈登·拉姆齐的厨师身份让他的评价听起来十分可信，一位美食家推崇的美食之都让伦敦多了一重身份；演员乔安娜用自己真实的居住时间作为凭证，让人们不禁好奇伦敦到底有多美；至于伦敦的安全性，由伦敦市市长来评价显然更具权威性。三个不同领域的知名人士，通过自己的身份和经历将伦敦的特点传达给大众。宣传片一经公开，便引起了广泛的关注，使得当年去伦敦旅游的海外游客数量激增，非常好地发展了伦敦的旅游业。

而社交中的名人效应也是类似的道理。出名的人物总会给大家某些比较突出的印象，而这样的印象会直接或间接地让他人对我们产生类似的联想。比方说，人们会不自觉地猜想，教授的朋友必然也是知识分子，画家的朋友必然也是艺术家，博闻广识的人的朋友必然也是所知甚广。同时，结识的名人能够成为我们信誉度的一个保证，人们相信，一个成功者的朋友，其事业成功的概率会更大一些。

　　乔治是一家公司的老板，从事皮包的制作和销售工作。公司小有名气，在人们眼中是一家很有发展前景的公司，但在最开始创业的时候，乔治的事业并未得到外界的认可。创业初期，乔治苦于没有稳定的销售门路，虽然他想和更多的商户建立合作，但因为没有知名度，商户的合作条件都十分苛刻，这给公司的财务造成了很大压力。乔治想了很久，决定先和业内最知名的一家商场合作。在一位朋友的帮助下，他结识了该商场的采购部主管。乔治并没有在他们相识之初就提出自己的诉求，而是先了解了该商场在当年的销售目标和风格变化，随后在和该商场采购部主管的交情逐渐加深的过程中，提出了自己的计划，让自己的产品能够完全贴合该商场的规划，并且能够帮助商场达到更好的销售目标。采购部主管在研究过乔治的计划后，认真地对产品进行了评估，并最终同意了乔治的产品入驻该商场。听闻这一消息的其他商户不禁开始重视乔治的产品，向他发出了合作邀请。这一次，合作的条件和之前的截然不同，终于满足了乔治的期望。

最开始的时候，乔治并没有获得合作商的信任，直到他直接和业内最有名气的商户建立合作之后，其他合作商才纷纷改变之前的看法，愿意尝试销售乔治的产品。在其他合作商看来，业内最有名气的合作商所选择的产品，必然有一定的可取之处，值得尝试。可以说，乔治是借助合作商的名气，提升自己产品的可信度，以便获得更大发展。

那么，如何利用名人效应，让自己的人际交往更上一层楼呢？我们需要做到以下几点：

1. 克服心理压力，不卑不亢做准备

很多人在面对名人时容易感受到心理压力，一方面觉得对方在某领域内比较突出，必然不好打交道；另一方面觉得自己和对方相比不够优秀，内心不够自信。实际上，名人也是普通人，他们也和正常人一样生活，因此，想要接触名人，要先抛开自己心理上的怯懦，总结自己的优势，了解他们的爱好。但要记住，在对他们的爱好不够了解的情况下，最好不要在他们面前班门弄斧，避免给人家留下一个投机取巧、华而不实的印象。在和名人交往的过程中，不要过分谄媚和

奉承，要清楚，你是希望和名人做朋友，而不是当对方的跟班或者下属。若是希望洽谈一些具体项目或计划，那就提前做好详细的准备，可以问问自己，如果换作是自己，会愿意洽谈这个项目吗？什么内容会引起自己的兴趣呢？

2. 外在匹配对方，了解对方的需求

想要和名人站在一起，在外表上最好贴近对方。这里说的并不是需要我们花钱去购买那些过于昂贵的衣服和配饰，而是指我们需要认真观察对方的穿衣风格和喜好。全球知名的富豪比尔·盖茨，随身佩戴的手表价值才10美元，股神巴菲特的午餐不过是一顿麦当劳。因此，如果你去和比尔·盖茨结交，非要穿一身昂贵的服装，佩戴夸张的首饰，自然不可能和他合拍。在你了解名人的外表时，也是在了解对方对事物的态度，在外表上贴近对方，和对方的风格保持一致，可以让对方把我们当作同类人。同时，我们需要了解对方的需求，有针对性地和对方结交。

3. 适度使用，避免过犹不及

米兰·昆德拉的小说《不朽》中写了一个故事，贝蒂娜是一个普通的女孩子，她一生最大的愿望就是能够成为一个不朽的人。为此她耗费全部的时间，执着地去追求和结交名人，千方百计地成为年迈的歌德的情人。歌德死后，她散布了大量虚假的资料来塑造自己的形象。然而，在 1920 年，贝蒂娜与歌德之间来往的原始信件被公之于世后，谎言很快被人们识破。这个故事警示我们，与名人交往时，不要过度利用名人效应，否则你的行为就不只是借助对方的影响力，而是演变成了欺骗他人。这不仅会影响你现在的生活和工作，还会透支你个人的信用度，影响你的未来。

第六章
维持长久而稳定的人际关系

坚持自我，坚持对胜利的无限渴望，坚持学习，坚持努力——这就是黑曼巴的精神，是成功的秘诀。

——科比·布莱恩特

第一节
打造值得信赖的形象

> 在你的人生中永远不要打破四样东西：信任、关系、诺言和心。因为当它们破了，是不会发出任何声响，但却异常痛苦的。
>
> ——查尔斯·狄更斯

维系人与人之间关系的基础是信任，而人际交往则是建立在人们的关系之上的，想要维持长久而稳定的人际关系，信任更是基础。俗话说："人无信不立。"不论在什么年代，信任永远都占据着重要的位置，不论是在工作上还是生活中，信任都是撑起一切的基石。

在获得他人信仕的过程中，最常见的问题就是不知道如何给出自己可靠的证据。很多人抱怨说自己明明很可靠，却没能给别人留下这样的印象。那么，如何自然地取得他人的信赖，又不显得夸张呢？想要解决这个问题并不难，我们看看具体该怎么做。

1. 拉回对方的注意力

想要知道自己有没有让对方感兴趣，获得对方的信任，最简单的判断方法就是，看对方有没有走神。如果对方出现下面的情况，那你就需要怀疑，你是不是已经成为对方眼中的"布景板"了：

（1）眼神飘忽，整个人心不在焉；

（2）一直给出机械式的反应，如点头；

（3）交流的过程中没有提出任何问题，没有丝毫好奇心；

（4）专注地摆弄自己的东西，或是和旁边的人窃窃私语；

（5）对你提出的问题没有反应，不会主动回答；

（6）身体朝着远离你的方向；

（7）眼睛看着你，但眼神不聚焦；

（8）一直盯着除你之外的地方或角落。

如果你的谈话中对方出现上述反应，那么你的谈话对象八成已经不准备信任你，对你也没有任何进一步结交的想法了，那么如何找回他们的注意力呢？

首先，你需要思考自己正在谈论的话题对方是否感兴趣。如果是对方不了解也不想了解的内容，你却一直滔滔不绝地谈论，对方自然会转移注意力。这个时候你就需要适当地引入对方感兴趣的话题和内容，就算你对这个话题和内容不够了解，但只要给出对方可能会感兴趣的信息，就足以激发对方表达的欲望了。其次，如果你谈论的是对方感兴趣的话题，那么你需要思考一下，是你表达的看法过于片面，还是因为没能表达出有价值的观点而让对方感到无聊。所以，认真想想自己说过的话，是使用了不恰当的称呼、不确切的描述，还是在表达自己的意见时过于啰唆，没有条理，主旨不明确。找到问题所在之后，只需要调整自己的谈话内容就可以了。

2. 讲好故事

在你已经把对方的注意力吸引过来之后，如何才能取得对方对你的信任呢？方法很简单，讲故事！这个过程和营销十分相像，在很多营销人士眼中，讲故事是最好的营销传播方式。获得他人的信任过程也是一样，我们是在给自己做营销，推销的也是自己。因此，讲故事可以帮助我们引起对方的兴趣，加深对方对我们的印象，并让自己的信息获得传播的可能性。比方说，如果你希望突出自己曾经比较特殊的学习或工作经历，那么你可以把曾经学习或工作经历中的趣事拿出来分享，可以采用这样的句式：我在 × × 大学念书的时候有一个超有趣的教授……我在 × × 公司工作的时候……或者，你可以根据对方的谈话内容，寻找类似的事件，成功插话，如：我们学校也有类似的事情……我在前公司也接触过他们，× × 公司，和你说的很像……这样互动式的谈话，不仅可以炒热气氛，还能在不经意间展露自己的经验、能力、才华，打造值得被信赖的个人形象。

同时要注意，如果谈论的内容你不够了解，但又希望让自己能够贴近对方，那最好不要不懂装懂，适当的发问也是一个让对方深入话题的好方法，可以采用这样的句式，有：这个我确实了解不多，你……这个看法很有趣啊，如果……

阿南在刚进入公司工作的时候，十分不善言辞。工作的前三个月，他只知道部门内部的几个人，和他们每个人说过的话不超过十句。部门领导原本以为是因为阿南初来乍到不适应环境，而且阿南入职的那段时间正好公司事情繁多，员工们确实没太多时间可以发展同事友谊。然而，在公司工作满一年后，阿南的社交范围竟然还局限在自己的部门，和他合作过的其他同事基本对他没什么印象，自然也谈不上信任。眼看着自己的同事成为别的部门期望的项目合作者"头号备选"，阿南终于意识到了自己的问题。他的交际方式限制了他的发展，也限制了他发挥自己的能力。阿南原本希望自己能够成为一个重要的人，但是，"酒香也怕巷子深"，一个能够解决问题的人首先要被别人认识，才有被信赖的机会，才能够获得别人发自内心的认可。

3. 确认，确认，再确认

想要赢得信任，最直接的实例就是我们的成果。在绝大多数情况下，我们都需要为自己的工作负责，需要不断去解决问题。有时候，我们遇到的问题没那么难，唯一的麻烦不过是领导或者合作方不断改变他们的意见。在这种情况下，一定要确认他们的最终意见，避免在错误的方向上浪费时间，也避免他人对我们的业务水平和能力产生质疑。很多人都不喜欢反复和领导确认要求和意见，他们认为领导会不耐烦，会质疑自己的理解能力。实际上，哪怕有些啰唆，也比你最后拿出一个完全错误的结果出来要强。而且，在和领导确认时，不需要过于直白，如果领导反复纠结了几种方案，或者不断推翻自己的决定，我们可以在谈话尾声做一个总结，可以采用这样的句式：好的，那我们就按照 × × × 来做……或者这样的：您的意见我整理了一下，分别是……

小许是一位销售总监的秘书，日常工作十分烦琐，包括确认和不同合作方的合同、核实结算数据等，经常会需要确认各项数据以及数据改动的情况。为避免可能出现的错误，小许会尽可能多地确认几次相关数字。比方说在个人的周总结上，她会详细列出合同的特殊要求以及双方约定的金额；在合同签署之前，她会单独做一份合约摘要，将重要信息整理出来。只要是从她那里给出的资料，肯定都是最新版本，极少出现错误。身边的同时对她的印象都非常好，认为她办事可靠，值得信任。

4. 行动是根本

想要得到信任，语言上的沟通仅是第一步。如果说获取别人信任有一个评分机制的话，满分 10 分，语言能够帮助我们拿到 5 分，行动能够帮我们拿到剩下的 5 分。但若是没有行动，你不仅得不到任何分数，还会因此被扣分。有个故事很能说明这个问题。曾经有一位将军，他从没上过战场，但他在参与军事问题的讨论时，总是发表各种见解，有些见解也确实有些许独到之处。将军最常说的一句话是："若是我上了战场，局势定然不会是这样……"所有人都在他日复一日的夸夸其谈中相信了他是一位军事天才。某天，有敌国派军队骚扰边境居民，皇帝大笔一挥，把"能征善战"的将军派到了战场。结果，短短三天时间，将军就败得一塌糊涂。原来，初到战场的将军压根没有将敌国军队放在眼里，完全没有准备就遭遇了对方的强攻。他历来都是纸上谈兵，真的上了战场，什么都忘了，以至于整个队伍溃不成军。此后，无人再提起那位将军，他的"军事天才"之名也成了一个笑话。

言行一致是我们获取他人信赖的根本。每个人都希望自己信任的人能够符合自己对他们的印象，满足自己的期待，而一个只会说却从来都做不到的人，只能被别人看作是一个夸夸其谈、名不副实的人。无法取信于人的结果就是，对方不会愿意和我们进一步发展人际关系，也不会把我们当作朋友。所以，想要说到做到，获得别人的信任，一定要注意自己说话的尺度，不要夸大个人能力或者捏造虚假的个人经历，避免自己无力实现自己的承诺。同时，在展现自己个性的时候，我们应展现自己真实的一面，不要为了迎合对方而表现得与真实的自己截然相反。没有人可以表演一辈子，你的演出很可能得不到对方的欣赏，还会让对方误以为你不够真诚。

众所周知，"人无信不立"，每个人立身的根本就在于这个"信"字。想要成为一个受欢迎的人，拓展自己的人际关系网络，信赖是基础，有了对彼此的信赖，我们才能够和对方有更进一步的可能性，可能让人际关系良性发展。

第二节
反对也要有风度

　　在日常交往中，我们不可能和每个人的看法、意见都保持一致，对别人的每一句话都表示赞同。这主要包含两种情况：一种是公司内部讨论，你可能会提出不同的问题和看法；一种是面对别人的请求自己不愿意接受，也就是拒绝别人。

　　先来说说工作上的反对。很多公司现在都喜欢用公开会议来讨论工作中的问题，希望可以在讨论的过程中，让不同的思维迸发出新的灵感火花，寻找到更好的方案。很多时候这种讨论或者说辩论是有趣的，大家都能从别人的论述中找到自己感兴趣的或者需要反驳的某一个观点。确切地说，讨论能够体现一个人的能力、学识和教养。那么，如何才能更好地表达自己的观点，又不影响你和参与讨论者的关系呢？

1. 资料准备充足

每次会议和讨论都会有主题，这个主题可能是现阶段工作中遇到的问题，也可能是对过去的总结或对未来的计划，可以说，我们参与讨论的话题内容大多数都是我们了解的。在这种情况下，我们知识的积累、资料的准备就显得格外重要。比方说，在讨论去年某部门的业绩时，内容必然会涉及去年该部门的营业额等详细资料，若是毫无准备地给出一个不准确的数据做分析，很容易被人认为粗心大意或者能力不够。因此，我们要尽可能为可能遇到的情况做准备，最好使用第一手资料，避免被他人的思维方式影响而得出错误的结论。

关于这一点，有一个故事流传甚广。某一天，两个年轻人一起去一家蔬菜贸易公司工作，一个叫约翰，一个叫哈利。三个月后，约翰成了部门主管，而哈利的职位和薪水却都没有变化。哈利心有不甘，认为自己的工作能力并不比约翰差，因此去找总经理询问原因。总经理没有直接回答哈利的问题，而是当场给他指派了一个任务——公司决定储存一批土豆，让哈利现在就去看看哪里能提供货源。哈利立刻出了公司，半个小时后兴高采烈地回来告诉总经理，二十公里外的蔬菜批发中心有土豆货源。

　　总经理问他："有几家卖土豆的？"哈利哑口无言，他刚刚只看到有人在卖土豆，并不确定有几家。哈利又跑出了公司，二十分钟后回来告诉总经理，总共有三家商户在销售土豆。

　　总经理又问："那价格是多少？"哈利又一次转身离开公司，半个小时后，他跑了回来，告诉总经理，土豆每公斤1美元。

　　总经理接着问："三家价格一样吗？"就在哈利准备再次离开公司去询问的时候，总经理叫住了他。随后，总经理叫来约翰，给出了相同的任务。四十分钟后，离开公司的约翰回来了，他向总经理汇报说："蔬菜批发中心有三家卖土豆的商家，两家的价格是每公斤0.9美元，另外一家是每公斤0.8美元。从质量上看，0.8美元一公斤的土豆最好，是老板自己家种植的，如果购买量大的话，可以适当给予我们优惠，并且能够免费送货上门。我已经把人带过来了，您要现在见一见他吗？"总经理让约翰自行处理后续事宜，然后看着哈利问道："如果是你，你会选择晋升谁呢？"

2. 保持冷静，有理有据

讨论的过程中切记，冷静是我们的底线。很多时候，讨论会让我们逐渐变得针锋相对，这或许是因为对方的问题和表述方式，或许是因为对方的态度。在这个时候，我们一定要保持冷静，不要让愤怒或慌张打乱自己的论述节奏。

如果对方提出了过于尖锐的、逼迫式的问题，比方说二选一式的提问，或者直接询问你对某人某事的负面看法，你需要尽可能避免出现慌张、不安的神色，这在他人看来很可能代表你的某种态度，显得你的心理素质不够稳定。面对这种问题，你可以坦然地思考一下，这段短暂的时间不仅是给你自己一个缓冲期，也可以凸显提出问题的人的意图。你可以采用这样的句式：关于这个问题，我仔细想了一下……或者这样的：这个问题要看在什么样的条件下，比方说……

如果对方提出了无理的质疑，你可以冷静地看着对方，专心思考你想要阐述的问题，表情无须夸张。在需要维持论述逻辑的情况下，你可以直接告诉对方：关于刚刚提出的问题，我会在阐述完现在这个问题之后，为大家详解。或者说：你的问题很好，我后面的论述刚好可以解答它。如果问题和你现阶段的论述并无关系，那可以采用如下句式：这个问题和我目前说的问题并无直接联系，我可以在会后帮你问一下详细情况。或者说：我主要解答 ××× 方面的疑惑，但你说的这个问题，我可以帮你联系相关负责人。

3. 不要轻易给出绝对性的承诺

有些情况下，你在提出反对意见之后，对方会用暗示性的话语引导你做出承诺，甚至是某些绝对性的承诺。比方说，在你提出反对意见之后，对方可能会说：照你的说法，只要 ××× 没问题，事情一定可以成功了？或者说：你的意见确定能保证结果吗，如果不能呢？在这种情况下，一定不要立刻给出绝对性的承诺，避免让自己一时的言论成为把柄。你可以把你们之前讨论过的内容和资料做一个总结，引导大家一起做出推论。

4. 控制场面，避免更激烈的冲突

如果在讨论的过程中，你们的话题已经火药味十足，双方都有不够冷静的看法和言辞，或者话题已经偏离本来要讨论的内容了，那就需要控制住场面，避免进一步的冲突。首

先，你需要找回话题，你可以说：我们准备讨论的似乎不是现在这个问题，咱们回归正题吧……或者说：现在的内容很有趣啊，可惜时间有限，说回正题……其次，在已经陷入僵局的讨论中，你需要的不是赢过对方，而是大家一起去解决问题，这是一场双赢的比赛，而非一个人的胜负。所以，你可以适当地向对方表示自己尊重对方的意见，将对方和自己的争议点提炼出来，便于双方做下一步判断。

除去工作中会遇到需要我们提出反对意见的情况，日常生活中也会遇到，而在日常生活中提出反对或许更难。对很多人来说，提出反对仿佛是对自己和对方关系的一次考验，在面子的影响下，他们不得不违心答应别人的要求。殊不知，真正的人际交往就是有来有往，反对不仅仅是在表达你的态度，也是在告知他人你的底线，让彼此给予对方更多的尊重。著名作家三毛曾经说过："不要害怕拒绝别人，如果自己的理由出于正当。当一个人开口提出要求的时候，他的心里根本预备好了两种答案。所以，给他其中任何一个答案，都是意料中的。"

因此，向熟悉的人表达我们真实的反对意见，也是彼此关系亲密的证明。如果连真实的情绪和态度都不敢表露，亲密关系只能成为假象。反对意见不仅仅是拒绝或反对某件事情，还能促进双方的亲密关系。毕竟，我们想要的是一个朋友，绝非是让自己成为他人的应声虫。

有权利反对，并不代表你的态度就可以随意。你可以在尊重对方的基础上，态度温和地提出自己的反对意见和反对理由，但语气一定要坚定，避免让对方觉得还有机会，从而花费更多时间与你周旋。在人际交往中，最忌讳的就是原本答应了对方，事到临头的时候又反悔，这才是真正影响或者说考验你们之间关系的难题。所以，合理反对不仅可以避免浪费彼此的时间，也可以避免心不甘情不愿的允诺带来的不满意的结果，这是高效的人际交往中的一个重要环节。

第三节
你们的关系不止于 8 小时

在这本书的前几章中，我们学习了人际交往的相关知识以及如何正确地拓展我们的人际网络。在本节中，我们将会了解在建立人际关系之后，如何让其良性发展，逐步加深我们彼此的联系。

首先，把维持人际关系纳入习惯范畴。

建立人际关系从来都不只是一个瞬间性的行为，它需要我们花费时间和精力，也需要我们的努力和毅力。想要长久地解决自己在人际交往中的问题，我们需要给自己树立一个虚拟的形象——一个理想化的自己，也就是引导自己相信自己是一个社交达人。利用认知不协调的影响，通过矫正自己的行为来改变日常的习惯。

斯坦福大学的心理学家曾经进行过这样一个实验，研究人员假扮成安全志愿者，在一个社区推广安全驾驶的知识。

他们挨家挨户地请求居民允许他们在居民家的草坪上放置一块巨大的安全驾驶提示牌。牌子非常大且毫无美感，大多数居民都选择了拒绝，但有一户居民同意了这个请求。在放置了牌子之后，这户居民还开始支持安全驾驶，但此前他们并没有这种行为。事实上，接受请求的居民在放置提示牌之后，转变了对自我的认知，相信自己是安全驾驶的支持者，而这样的形象，也改变了这户居民其他的行为。

举个更简单的例子，我上学的时候并不擅长物理，没想到高中阶段换了一个物理老师，指定我当物理课代表，事实上，物理课代表一般都是由物理成绩比较突出的同学担任的，但当时我的物理成绩并不突出。内心紧张不已的我开始拼命地学习物理，生怕自己在课上被提问却回答不出来，不符合一个物理课代表的身份。在这个过程中，我的物理成绩开始逐渐提高，很快成为班级内的前几名，成了名副其实的物理课代表。

因此，想要让自己的人际关系保持稳定的发展，我们需要重新给自己定位。你要相信，已经在逐步改善人际关系网络的自己，完全能够维持住你和他人的人际关系，你已经是一个擅长社交的人了。想要符合这样的期待，你就需要将第五章讲解过的所有方法和守则运用到日常生活中去，让它们逐渐成为你习惯的一部分。就好比我们每天打开手机看新闻一样，你和他人的联系也要成为你生活的一部分，让你们之间的关系长久地维持下去。

其次，人际关系是感情的交流，切勿一味索取或盲目付出。

我们在前面强调过，不要让人际交往的过程充满功利性，但这并不代表人际交往一定要隔绝利益牵扯。我们可以思考两个问题：第一个问题是"我能为对方提供什么"，第二个问题是"对方能为我提供什么"。

先说第一个问题——"我能为对方提供什么"。很多人不喜欢人际交往的原因就在于，不希望自己一直围着别人打转。那有人思考过更深层的原因吗？人际交往的根本并不是让你去讨好对方，而是需要你展现自己的能力、才华，你身上有别人欣赏的东西，交往自然水到渠成。

小曼是一家公司的新人设计师，她善于结交朋友，懂得如何与领导和同事沟通，很快就融入了集体，成为人们眼中的焦点。凭借高超的社交手段，她能够接到的工作远远超过同期入职的小王。在工资和绩效挂钩的情况下，小曼成了名副其实的赢家。然而，这个状况很快发生了变化。原来，小曼的沟通能力是好，但在设计创作中却有些偷懒，能力也很一般。反观同期入职的小王，设计理念新颖且具有美感，设计速度也很快。为了得到更满意的设计，很多人都选择了小王，而非和他们关系更好的小曼。对小曼而言，这无异于一个巨大的打击，她确实善于交朋友，但却忘了，朋友关系不是空中楼阁，它同样需要坚实的基础。小曼能够给对方提供的，并不是对方最需要的。小曼需要问问自己："对方到底需要我提供什么？"

所以，想要让人际关系维持下去，就需要不断地提升自己。一个一直进步的人，才能够为对方提供更多的东西，才会成为他人眼中的"绩优股"。

我们再说说第二个问题——"对方能为我提供什么"。首先，人们发展人际关系的目的除了心理和感情上的需要，还有让生活、工作更顺利的需要。在生活中，人们总是会在遇到问题时，先考虑征求朋友的意见。我们从心底相信，朋友能够给我们真实的意见，也能够帮助我们，因为朋友关系本身就是情感下的具体事务的交流。因此，对方能为我们提供的东西，会成为我们愿意维持一段友谊的很重要的衡量因素。其次，你无法为对方提供任何东西，只是一味地从对方那里索取，或者你一直在提供东西，对方却从不付出，这两种状态都是非良性的关系，很难让你们的关系长久地维持下去。

小朱和小赵是好朋友，两人的友谊从高中就开始了。大学毕业后，他们选择去大城市发展，并合租了一个房子，随后分别入职了不同的公司。一开始，两人感觉自己还是像大学时一样，每天下班一起打打游戏、做做饭，相处非常融洽。但随着时间的流逝，小朱渐渐产生了不满。小赵是一个在工作和生活上都非常懒惰的人。刚开始合租的时候，小赵还会做些家务，但没几天就不做了，小朱让他打扫他也不情不愿，胡乱糊弄一番。公司让小赵提交策划案的PPT，小赵懒得做，就让小朱帮他完成，说法也总是那句"咱们是哥儿们嘛"，全然不顾小朱自己工作也十分忙碌。合租了不过半年，两人的关系就彻底冷淡了下来。小赵认为小朱斤斤计较，却从未想过改变自己的行为；小朱觉得自己付出太多，非常不值得。很快，小朱就找借口搬了出来，和别的朋友合租了房子。

在这个事例中，小赵的一味索取消耗了两人的友谊，小朱的一味付出则让自己疲惫不已。由此可见，只有双方进行较为公平的交换，才能为彼此的关系打下良好的基础，促进双方关系持续发展。

最后，保持耐心，没有一蹴而就的成功。

成为一个擅长社交的人，并不是一件简单的事情。没有什么改变能够发生在一夕之间，很多时候，我们需要付出更多的耐心，让改变成为习惯。伦敦大学的心理学家费莉帕·勒理曾经和同事发起了一个实验。他们招募了 96 名参与者，然后让所有参与者每天重复一项健康的活动并坚持12 周。每个人都可以自由选择难度不同的活动，如"早起喝一杯水""每天跑步 15 分钟"等，研究人员会观察并记录人们把这些活动变成习惯所花费的时间。研究结果表明，参与者平均需要超过两个月的时间才能形成一个习惯，也就是说，我们养成一个习惯差不多要 66 天，而非网上流传的21 天。

　　事实上，21 天这个时间期限想要论述的原本并不是养成习惯这件事情。正确的说法是，人们至少需要 21 天才能改变心理意象。具体点说就是，一个人如果进行了整形手术，那么他至少需要 21 天才能习惯自己的新形象。这就意味着，21 天无法养成习惯，它和习惯根本没什么关系。每个人都希望改变立刻发生，事情立刻完成，自己立刻成功，但这些都是不切实际的。所有的一切都需要我们坚持，坚持，再坚持。

　　所以，不要指望自己能马上成为社交达人。社交是一个十分复杂的行为，需要你花时间去掌握上面讲过的所有知识，然后将它们融入自己的生活，转化为习惯。你只需要相信自己，一步一步进行，那你一定可以实现它！

第四节
日常工作中的小提示

随着时代的发展，社交包含的手段越来越多。我们在上面提及的很多社交需要注意的问题，适用于面对面的社交，也能够运用在非面对面的社交之中。下面，我们具体说一下在几个常用的社交方式中需要注意的问题。

1. 邮件社交

据统计，在 2015 年，全球电子邮件用户数量为 25.9 亿人，全球每天收发邮件数量为 2056 亿次。预计到 2019 年，电子邮件用户将逼近 30 亿人，全球每天收发邮件数量将达到 2465 亿次。其中，全球有 20 亿左右的人因为工作在发送或接收邮件。若是按照全球人口 70 亿来计算，每 5 个人中就有一个人在使用电子邮件工作。电子邮件作为如此常用的工具，已经成为社交中不可忽视的一环。虽然很多人都认为自己会写电子邮件，但事实真的如此吗？

王晓作为一位代理，每天都要发送并接收大量的邮件，平均每天收发的邮件超过 50 封。按照她的话说，她和邮件磨合了一年，才真正懂得如何发邮件。刚刚开始工作的时候，王晓倒没觉得发邮件很难。但在实际工作的过程中，她逐渐发现，邮件不单单是简单的文字书写，还是她递给未曾谋面的合作方、客户的第一张名片。那时候她已经工作了五个月，接手了一位国内作家的版权工作，负责将该作家的书推荐到国外去。在和作家沟通具体合作条件的时候，似乎因为某些原因，作家有些生气，并且在邮件中直接说："自己无法理解。"王晓是第一次处理这种问题，不免有些慌张，于是她赶紧约这位作家当面沟通。在面对面的沟通过程中，王晓听到作家的反馈，才意识到自己的邮件中某些语句表达不清，确实令该作家产生了些许不耐烦的情绪。此后，她在发邮件的时候，每句话都会仔细斟酌。在后来的工作中，王晓努力提高自己写邮件的水平，很多和她通过邮件沟通的人，都会在见面时亲切地和她打招呼，仿佛多年未见的朋友，但实际上，她和对方是第一次见面。

邮件的便利性毋庸置疑，它不仅可以帮助我们节省时间，最快地和对方沟通，也能作为凭证，记录每一个细节。但是，如果使用不好电子邮件，也会给我们带来很大的麻烦，影响我们和他人之间的关系。这种最容易被我们忽略的交际细节，直接影响他人对我们的印象。

举个例子，我之前有一位同事，工作上特别喜欢拖延。在回邮件上更是如此，合作方发来的邮件总是被她忽略，根本得不到及时回复。以至于合作方不得不找负责其他工作的同事，让同事提醒她回复邮件。而她的借口是自己太忙了，实在没时间，没看到。遇到特别紧急的事情，她也是一拖再拖，把合作方气到不想理人。结果就是，合作方在不得不和她对接的时候，才会和她沟通，尽可能避免和她的合作。甚至于在她想要拜访合作方的时候，都要让同事帮忙约时间才行，因为合作方压根就不想接待她。

上面的例子其实说明了很多问题。我们每天收发的邮件很多，并不是发出的每一封都要求对方回信，也不是收到的每一封都要求你回信，但重要的、紧急的邮件是一定要优先处理的。你需要为自己的工作排出先后顺序，想要在重要的事情上得到他人的及时反馈，自己首先要做到及时反馈给他人。邮件掩藏了我们面对面沟通时能够运用的表情沟通，也使得我们需要文字交流的内容在人际交往中占据了更大的分量。

那么，如何合理利用邮件，发展我们自己的邮件社交呢？

首先，标题简洁且重点突出，便于对方快速了解邮件内容。

我们每天都会发出大量邮件，想要让别人迅速了解邮件内容，就要合理使用邮件标题。作为第一眼信息，邮件标题直接决定我们的邮件分类和紧急程度。因此，邮件标题是必须要写的，并且一定要简洁，只需要将重点内容概括出来就可以。比方说邀请函的标题需要注明邀请人和时间地点，紧急邮件可以加上"急"字和重点内容，但要注意，不要在标题栏写出全部内容，过多的信息只会将你想要说的重点掩盖，让收件人失去仔细阅读的欲望。

其次，正文条理清晰，拒绝废话。

邮件不是正面对话，所以正文一定要记得用书面语，寒暄类的话语不要过多，尽快进入正题，将想要询问的内容和需要解答的内容条理清晰地写出来。在回答问题时，可以带原询问邮件转发回复，便于对方立刻理解内容。若是有着重强调的信息，可以将该信息加粗或变色，提醒对方注意。若是英文邮件，则要注意自己在语法上是否有错误，称呼是否使用正确等。

再次，注意邮件的私密性，抄送、群发要注意。

很多工作邮件我们需要一次性发给很多人，但要注意接收邮件的人之间的关系。若是业务重合的公司，最好不要让对方看到其他公司的信息，最好采用一对一的发送方式。同时，许多重要邮件需要抄送的时候，也要注意避免抄送给不相关的人，防止信息泄露。

最后，能够在正文说明白的简短的事情，不要用附件。

很多人觉得一点一点输入正文比较麻烦，更倾向于添加附件的方式。但如果你想要沟通的内容比较简短，那么最好在正文部分和他人沟通。要知道，很多人在邮件正文中看不到你想要表达的内容，而下载附件又费时费力，便很可能会先将你的邮件搁置一边，这就会降低你的邮件被及时处理的概率。

2. 媒体社交

现如今，各种各样的社交软件占领了我们的生活，每个人都或多或少地通过不同的软件和生活中的朋友或是工作上的伙伴交流。通过这些社交软件，我们能够第一时间看到他们分享日常生活和工作的信息，而这是帮助我们了解对方生活的最便捷的方式。首先，你可以灵活利用第一手资料。在社交软件的帮助下，你可以最快了解对方的喜好、工作状态等，可以随时根据资料调整你们交流的内容。其次，你可以分享自己的工作和生活给他人，帮助他人了解你，建立双向的信息交流。最后，无时间限制。社交软件的交流不局限在办公时段，更多是在非上班时间的一种交流。它抛开了工作的严肃性，更加轻松和随意，能够丰富并娱乐我们的生活。

那么，社交软件作为一个既有个人特色又略显私密的交流渠道，我们在使用过程中需要注意些什么呢？

（1）在社交软件上，你依旧是你，不要乱开玩笑

社交软件仿佛拉近了人与人之间的距离，给每个人都镀上了一层保护色，但事实上，网络交流不代表脱离现实，网络上的你依旧是你。如果因为是在网络上就随意说话，乱开玩笑，只会让别人对你产生反感，并且很可能将对你的不好的印象传递给他的朋友，让你的名声越来越差。

小雷特别喜欢玩社交软件，因为工作需要，他社交软件中的联系人不单是自己的朋友和同事，还有很多业务上的客

户。一次，大家讨论旅游的事情，过于兴奋的他非常活跃地在交流群里发言。在说到住宿问题时，女性同事们非常关注，还提出了很多外出住宿需要注意的问题，就在这时，小雷开了一个玩笑，隐含的内容非常令人反感。消息一发出，这个交流群都安静了，根本没人接话。小雷这才意识到问题，赶紧澄清自己是在开玩笑。但群里面不仅有同事，还有他正在合作的一家公司的业务主管。虽然小雷努力地做出了解释，但这件事对他的影响已经造成了，他给人留下了说话没分寸、过于自大的印象。

（2）发语音要注意场合

现在很多社交软件都有语音聊天功能，这个功能确实比较方便，能够节省我们和他人交流的时间。但是，接听语音却不是一件方便的事情，尤其是对方在公开场合的时候，若是不通过耳机，恐怕很难听清语音的内容，若是播放音量过大，还会干扰他人。而且，语音不像文字便于记录，所以，在沟通比较重要的事情的时候，最好采用文字方式。若是希望通过语音交流，可以先询问对方是否方便使用语音功能。

此外，在发送语音消息时，注意避免啰唆，不要让对方在听完你的一大段话之后，还是找不到重点，反而增加沟通的时间。

（3）非常紧急的事情，不要只通过社交软件

如果你当前有非常紧急的事情需要处理，那么，就不要只通过社交软件进行沟通。首先，社交软件中的消息无法第一时间出现在对方眼前，提醒对方立刻查看。很多人的社交软件每天都会接收大量消息，这使得人们对于消息提示变得越来越不敏感。在大多数人眼中，按照紧急程度来衡量的话，社交软件上的消息的紧急程度绝对要低于电话沟通的消息。所以，不要等在软件的一端什么都不做，真的很紧急的情况下，就赶快拿起电话沟通吧。

（4）在线却不回复消息

有些软件会显示我们当前的状态，是网络在线、离线，抑或是其他。对方在看到你在线的情况下，你却长时间或多次不回对方消息，很容易让对方感觉你不尊重他。如果真的非常繁忙，你可以把个人状态调整为繁忙或离线，等到空闲下来再处理。有些软件虽然不显示状态，但如果你一边不回复别人的消息，一边在自己的个人主页上发信息，就很容易引起别人的反感，让对方觉得你不在乎他。所以，社交软件

在方便我们生活的同时，也为我们的社交增添了许多小陷阱，需要仔细避开才可以。

（5）消息发太多

通过社交软件沟通时，我们经常无法确定聊天的对象是否在线，因此，有些人会不管对方是否在线，自顾自地发送很多条消息。等到对方想要知道你在说什么的时候，不得不长时间翻阅你之前留下的大量消息，才能弄清楚你说的内容。这不仅不便于对方知道你要说什么，还会让对方产生不收到回复决不罢休的咄咄逼人的感觉，让对方觉得自己在被强迫做某事，以致引起对方心理上的反感。

图书在版编目（CIP）数据

极简社交 / 王励新著 . -- 西安：太白文艺出版社，
2020.3

ISBN 978-7-5513-1768-9

Ⅰ . ①极… Ⅱ . ①王… Ⅲ . ①心理交往－通俗读物
Ⅳ . ① C912.11-49

中国版本图书馆 CIP 数据核字 (2019) 第 265017 号

极简社交
JIJIAN SHEJIAO

作　　者：王励新
责任编辑：李　玫
封面设计：原　色
版式设计：倪　博
出版发行：陕西新华出版传媒集团
　　　　　太 白 文 艺 出 版 社
经　　销：新华书店
印　　刷：大厂回族自治县德诚印务有限公司
开　　本：880mm×1230mm 1/32
字　　数：100千字
印　　张：6.5
版　　次：2020年3月第1版
印　　次：2020年3月第1次印刷
书　　号：ISBN 978-7-5513-1768-9
定　　价：39.80元

如有印装质量问题，可寄出版社印制部调换
联系电话：029-81206800
出版社地址：西安市曲江新区登高路 1388 号（邮编：710061）
营销中心电话：029-87277748　029-87217872